大脑启蒙

世界トップ機関の研究と成功率97％の実績からついに見つかった！頭のいい子にする最高の育て方

孩子大脑喜欢这样的启蒙
激活学习天赋的养育法

世界トップ機関の研究と成功率97%の
実績からついに見つかった！
頭のいい子にする最高の育て方

孩子大脑喜欢这样的启蒙

激活学习天赋的养育法

[日]长谷川和香 著
王司阳 译

机械工业出版社
CHINA MACHINE PRESS

Original Japanese title: SEKAI TOP KIKAN NO KENKYU TO SEIKOURITSU 97% NO JISSEKI KARA TSUINI MITSUKATTA! ATAMA NO IIKO NISURU SAIKOU NO SODATEKATA

by Waka Hasegawa

Copyright © 2018 Waka Hasegawa

Original Japanese edition published by SB Creative Corp.

Simplified Chinese translation rights arranged with SB Creative Corp.

through The English Agency (Japan) Ltd. and Shanghai To-Asia Culture Co., Ltd.

北京市版权局著作权合同登记　图字：01-2020-1602号。

图书在版编目（CIP）数据

孩子大脑喜欢这样的启蒙：激活学习天赋的养育法/（日）长谷川和香著；王司阳译. — 北京：机械工业出版社，2023.4
ISBN 978-7-111-72801-6

Ⅰ.①孩… Ⅱ.①长…②王… Ⅲ.①家庭教育-儿童教育 Ⅳ.①G781

中国国家版本馆CIP数据核字（2023）第047727号

机械工业出版社（北京市百万庄大街22号　邮政编码100037）
策划编辑：刘文蕾　　　　责任编辑：刘文蕾　丁　悦
责任校对：韩佳欣　李　婷　责任印制：单爱军
北京联兴盛业印刷股份有限公司印刷
2023年8月第1版第1次印刷
145mm×210mm・7.75印张・1插页・114千字
标准书号：ISBN 978-7-111-72801-6
定价：59.80元

电话服务	网络服务
客服电话：010-88361066	机 工 官 网：www.cmpbook.com
010-88379833	机 工 官 博：weibo.com/cmp1952
010-68326294	金 书 网：www.golden-book.com
封底无防伪标均为盗版	机工教育服务网：www.cmpedu.com

序　言

无论孩子处于哪个人生阶段，让他们拥有在任何时候都能顺利克服困难的能力，想必是每个家长的心愿。

为了达成这个目的，让孩子不断学习确实是至关重要的。如果孩子原本就喜欢学习是最好不过了，但是也不要学成只会读死书的书呆子。

真正重要的是，让孩子拥有无论身处何种环境都可以适应、和每个人都能和平相处、对需要帮助的人率先伸出援手、面对多少困难都能一一克服的能力。

这本书的内容就是归纳了如何培育这种聪明孩子的方法及其内在的逻辑。

现在社会上教育孩子的方法数不胜数，很多观点也是各执一词。

我作为一个男孩的母亲，对于如何才能培育出聪明的孩子，也进行了调查和实践。换句话说，我也是一名"当事者"。

让孩子成为一名主动学习者

在此，简单做一下自我介绍。我从日本京都大学的大学院毕业后成为一名研究员。我在自己的工作中感受到了极大的乐趣，在此期间甚至递交过大约100份专利申请，每天忙碌而充实地工作着。

在那段日子里，对于教育孩子这件事，老实说我很难挤出充足的时间。即便如此，希望培养孩子在面对任何问题时都能顺利应对的想法，让我对教育这件事从来都不曾松懈过。

于是，几乎每天我都在查阅书籍，搜集资料，希望在有限的时间里找到真正能取得效果的教育方法。略微觉得有可行性的方法也会不遗余力地去实践。

除了阅读教育类的书籍外，我还学习了发展心理学、脑科学这些专业性极高的知识。接着我又对国外最前沿的研究产生了兴趣，通过相关研究机构（诸如哈佛大学、牛津大学、东京大学、日本理化学研究所等）的网站阅读了大量的论文。

无论是在学生时代，还是在工作期间，已经习惯于阅读大量论文的我，在教育研究上也进行了同样的努力。并且，我还亲自走访了很多教育专家，倾听他们的意见。

多亏了这些努力，我的儿子现在没人监督也可以自主学习，从幼儿园到小学看起来过得还不错，每天在享受学习的同时也能享受娱乐。

基于以往的这些经验，我成立了"Happy Edu"这一儿童教育的服务机构，向父母们提供育儿建议。现在我们已经向成百上千名父母，提供了如何让孩子更聪明的指导。

很有幸，我们的工作获得了诸多好评，在问卷调查中超过 97% 的父母提到"孩子可以享受学习的乐趣了"。

所谓"享受学习"，就是孩子养成了每天主动学习的习惯。甚至有很多父母说，"我们的孩子变得比以前积极多了"。有的孩子在与同龄人相处时展现出了领导小能，有的开始帮父母做家务，还有的变得愿意到户外玩了，等等。

从 1000 多项研究中萃取的教育方法

回过头来发现，我们已经对国内外 1000 多项儿童教育研究进行了系统梳理，也听取了众多专家的意见。通过这个庞大的信息库归纳出的儿童教育法，被成百上千名父母实践后，最后筛选出了真正取得成果的部分，这就是本书的内容。

正因为所有父母都是繁忙的，所以本书只选取了在有限时间内切实可行的方法。同时还由于教育子女的过程是不能返工的，因此让父母把切实有效的方法付诸实践非常重要。换句话说，本书是无论多么繁忙的父母也能够实践的、效果极佳的培养聪明孩子的方法。

此外，本书中介绍的方法主要适用于 6 岁以下的儿童。因为这个阶段的儿童大脑会发生巨大的变化。这个阶段是为今后数十年的人生提前做好铺垫的时期。

提到教育子女的方法，我们经常会听到如下的声音：

"教育子女没有正确答案。"

"教育子女是在尝试过各种方法后，最终才能摸索到的。"

对此我们不予否定，但是，没有哪个父母会有这么从容的心态。

另外，对于既往的教育方法也有很多人表示疑惑：

"费时间、费精力、费钱。"

"太过苛刻的方法，父母和孩子没有相当的毅力完成不了。"……诸如此类的声音不再一一列举。那些难度过高、无法落地的方法确实令人失望。所以，希望帮大家找出属于你们自己的教育法，这也是我写这本书的初衷。

收录了对于孩子性格类型的分析测试等全新的内容

为了降低难度，我们采用的方法主要是把日常每位父母都在做的事稍加改变，让大家在教育子女的同时，不用太费力就能完成。这套方法还能运用到沟通、学习等场景之中。

乍一看，大家可能觉得本书收录了不少"不要和别人比较""多拥抱孩子"等很常见的教育法。其实，为了优先选取最有效的方法，即便听起来不是那么新奇，我们也会如实地收录。

不过，无论哪种方法都有教育机构的研究结果作为佐证，也会对佐证进行说明。所以即便是读者已经知道甚至有所轻视的方法，读过本书后相信也能获得更深的理解，进而积极地付诸行动。

当然，也有很多同类书中不多见的方法。比如"能够判别孩子性格类型的分析测试"。孩子做某事的兴趣，其实受父母的遗传影响很大。在本书中，读者通过做一个不到 3 分钟的测试，就能知道"父母干劲的多少 = 孩子干劲的多少"。

另外，书中对于"给不给孩子奖励""英语从什么时候开始学比较好"这种经常被议论的问题也会给出明确的结论。这些结论……请在阅读的过程中寻找！

教育子女原本就是一个快乐又有意义,同时让父母自身也能获得成长的过程。

如果本书能在您教育子女并通往幸福未来的道路上有所帮助,将是莫大的荣幸。

长谷川和香

※ 本书中出现的儿童名字(Yugo、Rei)均为化名。

目　录

序　言

第一章　顺应天性的养育方法　　　　　　　　　001

1　了解孩子的个性——"怎么能轻松""怎么能兴奋",孩子和父母是一样的　　　　　　　　　003

2　发掘孩子的天赋——孩子发挥天赋的最好方法,是和父母一起做父母擅长的事　　　　　　　　　012

3　倾注情感的方式——当父母成为孩子的安全基地,孩子的心灵和记忆力都会成长　　　　　　　　　032

4　奖励——不当的奖励会剥夺孩子的学习欲和想象力　　046

5　父亲的重要职责——父亲有着母亲无法替代的职责　　054

6　父母的语言——孩子会变成父母评价中的样子　　　　062

7　这样做,能让孩子喜欢上科学——比起孩子问"为什么"时立刻上网搜索,不如和孩子一起在厨房里找答案　　　071

8 父母的情绪控制术——父母的愤怒会影响孩子的大脑，
通过深呼吸就能缓解情绪　　　　　　　　　　　　077

9 父母不可以做的事——把孩子与别的孩子进行比较会阻碍
他的成长　　　　　　　　　　　　　　　　　　　088

第二章　影响大脑发育的生活习惯　　　　　　093

1 睡眠——能控制午睡、光照时间和洗澡水温度的人
也能控制睡眠　　　　　　　　　　　　　　　　　095

2 饮食——不仅是身体，心灵也需要进食　　　　　　108

3 电子类设备的使用方式——沉迷游戏机和手机具有类似药物的
依赖性，对智力发展及健康有害　　　　　　　　　113

第三章　游戏，孩子大脑最喜欢的学习方式　　121

1　玩游戏能锻炼的三种能力——过家家和扮演英雄是让孩子
变聪明的高级游戏　　123

2　想象游戏和接收游戏——让孩子爱上书的读书法和让孩子
远离书的读书法　　130

3　机能游戏和创造游戏——画画不是要正确描绘，而是要
自由表达　　140

第四章　这样做，提升孩子的学习能力　　151

1　让孩子集中精力做练习册的方法——呵斥孩子"集中精力"
的瞬间就降低了孩子的积极性　　153

2　练习题的解题法——为什么生活中会用的语言和数字，
出现在练习题中就不理解了？　　163

3　对文字的学习——词语接龙和童谣会越用越好　　169

4　读解力——虽然可以默读，但读出声来更重要　　177

5　大声念出数字和掌握数字的能力——使用手指，能掌握到
"3"和"5"是非常重要的　　184

6　计算能力——在纸上画画和画图有助于提高计算能力　　195

7 音乐——"莫扎特效应"是假的，但音乐能让人变聪明
   是真的　　　　　　　　　　　　　　　　　　　　　201
8 英语——疏于学习母语，英语的学习也会很困难　　208
9 课外学习——比起学什么，学会"以变应变的学习能力"
   更重要　　　　　　　　　　　　　　　　　　　　　215

参考文献　　　　　　　　　　　　　　　　　　　　　　226

第一章 顺应天性的养育方法

了解孩子的个性
发掘孩子的天赋
倾注情感的方式
奖励
父亲的重要职责
父母的语言
这样做，能让孩子喜欢上科学
父母的情绪控制术
父母不可以做的事

- 家长应当把自己擅长的事物，通过自己擅长的方法教给孩子，并一起享受这一过程。这才是真正能让孩子的天赋得到彻底绽放的方式。

- 孩子还没有表现出寻求帮助的意图，父母就抢在孩子前面提供帮助，这种方式就是在剥夺孩子学习的机会。

- 父母需要通过语言把"你最重要"的信息明确地传达出来，以此消除孩子内心的不安感。

- 严禁对孩子"因兴趣而做的事"进行奖励。

- 及时批评孩子的负面行为，每天进行正面的鼓励。

- 让孩子体会到自己思考、自己想象的乐趣，比把大人教给的东西囫囵吞枣地背下来重要100倍！即使孩子的想法可能并不是正确的。

- 父母作为孩子的安全基地，不要把孩子和别的孩子比较优劣。

1 了解孩子的个性
——"怎么能轻松""怎么能兴奋",孩子和父母是一样的

天赋说到底,是由遗传和环境两方面决定的

天赋是由遗传决定的,还是由环境决定的?对于这一争论已久的话题,让我们先来简单地回顾一下历史。

19世纪前半期,争论发生在以美国心理学家阿诺德·格塞尔为首的"遗传决定派"与同为美国心理学家的约翰·华生所代表的"环境决定派"之间。在这期间,德国的心理学家威廉·斯特恩(William Stern)提出了"天赋是由遗传和环境两者决定"的观点,而斯特恩正是智商(IQ)这一概念的创立者。"原来如此,遗传和环境两者都很重要啊"。确实这样的观点比较容易让人接受,

但同时也留下一个疑问。如果说天赋是遗传和环境两者共同影响的结果，那即便其中一方为 0，只要另一方为 100，最后天赋仍然可以达到 100 吗？

与此同时，美国的教育心理学家阿瑟·詹森认为，"用来激发出遗传可能性所必要的环境的影响程度，根据属性不同也有所差异"。好比既有像身高这种受遗传影响非常大的属性，也有像学习能力这种"因遗传因素和环境相匹配而大幅被激发"的属性。这一主张成为我们现代的主流观点。

父母的个性会遗传给孩子

换句话说，根据詹森的观点，学习能力这种属性虽说会受到遗传因素的影响，但也会因为受到环境的刺激而被最大限度地提升。

在考量激发学习能力的"环境因素"时，必须要注重的是人的个性。根据个性的差异，"什么环境下会感到兴奋、什么时候会有幸福感、采用什么方法会让自己最轻松"这些结果都会截然不同。有的人在热闹的环境中会感到兴奋,有的人在独处时能获得幸福感。

并且,这种个性会遗传给孩子。1966年耶路撒冷希伯来大学和本·古里安大学的学者们曾发表报告称,喜欢冒险、喜欢新鲜事物的性格和"多巴胺D4受体"的长度有关联。"多巴胺D4受体"较长的人富于冒险精神,较短的人则更喜欢深思熟虑。既然是基因,那么理所当然它也是会被遗传的。

综上所述,根据个性的不同,培育聪明孩子的方法也不尽相同。提供与孩子的遗传个性相适应的环境,才能将孩子的天赋最大化。

另外,介于个性会被遗传,**对父母来说最轻松的学习方法对于孩子来说可能也一样。同样,孩子感到最兴奋、最幸福的方式也遵循此理。**

所以说,并非盲目地效仿"别人家孩子"的成功方法就能奏效。家长应当把自己擅长的事物,通过自己擅长的方法教给孩子,并一起享受这一过程。这才是真正能让孩子的天赋得到彻底绽放的方式。

传授让孩子主动学习的方法

接下来,让我们更详细地了解遗传的个性是如何在环境的影响下开花结果的。

根据日本行为遗传学第一人——庆应义塾大学教授安藤寿康的说法,**遗传和环境的相互作用,分为被动相关、诱发相关、主动相关三种方式。**在此观点的基础上,让我们一起思考如何能轻松地激发孩子的天赋。

(1)**被动相关,即在遗传层面上相类似的亲子之间,父母更容易给予孩子与其基因相关联的环境。**

例如善于社交的父母,带孩子去人员密集的场所时也不会感到难受。同时孩子因这种遗传基因也很有可能具有极高的社交能力,在这种场合也能享受与他人对话、倾听对方的快乐。孩子的这种能力会因此得到更深入的锻炼。

反过来,原本不太善于社交的父母为了锻炼孩子的社交能力,硬着头皮把孩子带到人多的环境中,结果只会让父母和孩子都疲惫不堪。

(2)**诱发相关,是指如果孩子小时候的天赋得到激发,此后成长过程中周围会自然而然地形成适合该天赋发**

展的有利环境。

例如，在2017年被统计的日本职业棒球选手中，出生于4月到6月的选手占全体球员的32%，而出生于1月到3月的选手只占16%。日本甲组职业足球联赛也是同样情况，32%的选手出生于4月到6月，只有15%的选手出生于1月到3月。

成为职业运动选手的人中很多都在幼儿时期参与过某项运动。在幼儿时期，孩子们年龄虽然只有1岁之差，体格差距却非常大。在4月到6月出生的孩子有机会与比自己高一年级的孩子一起练习，作为比赛选手也更容易被选中。这个时期的经验会直接关系到他们将来能否成为职业选手。也就是说，如果小的时候天赋能被激发，在适当的环境中天赋会得到进一步加强。

（3）**主动相关，是指当孩子成长到一定阶段后，会主动地去创造符合自己天赋发挥的环境。** 比如知性的孩子会主动地读书、向大人提问、自主地进行学习。

所以，在第一个阶段，父母需要充分理解自身的个性特征，有意识地为孩子创造符合这种个性发展的环境。在此之后，周围会自然形成更有利的环境，孩子也会进一步自主地创造有利环境。

通过简单的测试就能知道自己的性格

那么，如何才能准确地知道自己的性格特征呢？"人格结构五因素模型"被认为是最值得信赖的模型之一。该模型将人的个性通过5个因素在不同层次间的组合表现出来。首先，让我们对这5个因素进行说明。

（1）**活力 & 积极（外向性）、冷静 & 熟虑（内向性）**：外向性和内向性区别在于对积极的情感做出何种程度的反馈。

外向性强的人，积极的情感更强，认准目标就会付诸行动。内向性强的人不会立即采取行动，而是冷静地进行判断。两者差异在于，与积极的情感有密切关系的神经传导物质多巴胺有助于促进大脑的活跃表现。究其原因，内外向的差异很大可能性是由于上文中所提到的"多巴胺受体"的长短不同所决定的。

（2）**情绪稳定 & 自信（情绪稳定性）**：情绪稳定性是指人们能够更好地平缓自己的负面情绪。情绪稳定性高的人能更好地控制自己不安的情感。乌尔兹堡大学的克劳斯－彼得·莱施等人发现，这种个性易受"血清素转运体"差异的影响。

（3）**努力＆自制（责任心）：**责任心是控制自我的能力。责任心高的人喜欢有计划地向目标推进。这项个性取决于脑叶的控制系统，即神经系统的连接方式。

（4）**调和＆利他（协调性）：**协调性是指对他人的心理状态抱有多大的兴趣。协调性高的人喜欢让别人高兴。这种个性的差别在于读懂别人内心的能力，以及和别人取得共鸣的能力。与被称作"心的理论"的内心构造相关联。

（5）**感性＆信念（开放性）：**开放性的强弱，和感性的丰富程度相关。开放性高的人喜欢想象及表现自我。对此个性虽然进行研究的专家也意见不一，但它可能是和脑叶的运作有关。

在（1）中，与"活力＆积极（外向性）"相对立的是"冷静＆熟虑（内向性）"，这两者都是孩子发挥天赋极其重要的因素。所以我们把对立的这两项单独分开，连同下面的4个因素，总共用6个因素来判断一个人的个性。那么，就让我们马上试一下吧！

你的性格是什么样的呢？赶快来测试一下！

通过回答下面的问题来判断你的性格，找到激发你和你家孩子天赋的方式。非常符合的情况选【5】，完全不符合的选【1】，每个问题分为5个等级。那么，让我们马上开始吧！

【问题1】和初次见面的人也能马上聊起来。[1，2，3，4，5]

【问题2】喜欢去以前没去过的场所。[1，2，3，4，5]

【问题3】想要的东西，会认为总有办法得到。[1，2，3，4，5]

将【问题1】与【问题3】的分数合计就能知道你的【活力＆积极】等级。

你的【活力＆积极】等级＝（　　）

【问题4】不会太在意自己的缺点。[1，2，3，4，5]

【问题5】不会因为小事而情绪低落。[1，2，3，4，5]

【问题6】不会情绪太过激动，总是能保持冷静。[1，2，3，4，5]

将【问题4】与【问题6】的分数合计就能知道你的【情绪稳定＆自信】等级。

你的【情绪稳定＆自信】等级＝（　　）

【问题7】下定决心就会坚持到底。[1，2，3，4，5]

【问题8】愿意踏踏实实努力型。[1，2，3，4，5]

【问题9】会严格地遵守规则。[1，2，3，4，5]

将【问题7】与【问题9】的分数合计就能知道你的【努力＆自制】等级。

你的【努力＆自制】等级＝（　　）

【问题 10】做任何事之前都会一直收集信息到满意为止。[1, 2, 3, 4, 5]

【问题 11】做任何事之前都会深思熟虑后再行动。[1, 2, 3, 4, 5]

【问题 12】经常会自我反省。[1, 2, 3, 4, 5]

将【问题 10】与【问题 12】的分数合计就能知道你的【冷静 & 熟虑】等级。

你的【冷静 & 熟虑】等级 = (　　)

【问题 13】经常被依靠，被当成倾诉对象。[1, 2, 3, 4, 5]

【问题 14】和朋友一起行动的时候比较多。[1, 2, 3, 4, 5]

【问题 15】会在意别人是不是舒服。[1, 2, 3, 4, 5]

将【问题 13】与【问题 15】的分数合计就能知道你的【调和 & 利他】等级。

你的【调和 & 利他】等级 = (　　)

【问题 16】喜欢艺术文化类活动。[1, 2, 3, 4, 5]

【问题 17】喜欢思考哲学性问题。[1, 2, 3, 4, 5]

【问题 18】会积极地学习新的知识。[1, 2, 3, 4, 5]

将【问题 16】与【问题 18】的分数合计就能知道你的【感性 & 信念】等级。

你的【感性 & 信念】等级 = (　　)

你得分最多的是这 6 项因素中的哪一项呢？

在下面的内容中，我们会针对各项因素来具体地介绍激活孩子学习大脑的方法。

2 发掘孩子的天赋
——孩子发挥天赋的最好方法，是和父母一起做父母擅长的事

你的性格测试结果是怎么样的呢？想必有些人会感慨"果然和想象中一样啊"，也有些人可能会觉得有点意外。

有些人会说，"孩子长大以后就变了"。这是因为即使你原本所遗传的部分没变，但如果环境发生变化，孩子的个性也会跟着发生变化。

接下来，就让我们一起见证为什么个性是"遗传和环境相互作用的结果"。

在这部分我们会介绍以下内容：

- 各项因素得分高的父母的特征。
- 对如何通过活用自己的个性来培养聪明孩子提出建议。

- 介绍一些关于父母如何运用自己擅长的方法、自己觉得轻松的方法来使孩子的学习能力得到提升的经验之谈。相信你能体会到,培育聪明的孩子不在于学习什么样的教材,而在于父母在这之中所花的工夫和心思。

"活力&积极型"的聪明孩子教育法

单刀直入地说,你是一位野心家,不管对于孩子还是对于自己,都不会妥协,会着眼于很高的目标。但要注意不要做得太过!聪明的孩子是要在愉悦的过程中培养的。

你会以积极的眼光看待事物,对于各种事物都能够尽情地享受。所以各种新的机会也会不期而至。

当你有某些想法时总会迅速地付诸行动,在行动的同时进行思考。你的决断能力非常强,不会让降临在面前的机会轻易溜走。

和你在一起总能够体验到很多新事物,所以无论成功还是失败,孩子都能获得很多宝贵的经验。正因为体验到的事物多,孩子对于"该怎么做、会变成什么样"这类需

要思考和创造的能力将会得到锻炼。这正是名副其实的聪明的孩子、优秀的领导,并且从你身上继承的行动力,会进一步增强孩子的领导才能。

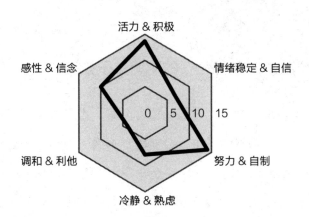

例A:制作"目标达成游戏",开启兴奋的开关

A先生的个性特点

曾在高中时期获得县级游泳大赛第二名的A先生是一名4岁女孩的父亲。他希望女儿每天早上养成坚持给花浇水的习惯,但苦于坚持的效果一直不好。

于是,他开始每个月都和女儿一起制作"目标达成游戏"贴在洗手间里,结果发现女儿此后每天都会为了达成目标而认真地努力。现在，女儿养成了每天早上浇完花就去洗手间打卡的习惯。把身边的事物转换为简单易懂的目标赋予孩子，孩子自己就会涌现出向着目标努力的意愿。和孩子一起制定游戏规则也是提升孩子参与积极性的重要一环。

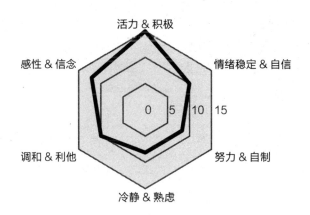

例 B：和孩子分享外出的照片

B 先生的个性特点

难得带着孩子出去玩，但是面对陌生的环境，孩子一直躲在妈妈身后没能尽情玩耍。你是不是也遇到过类似情景呢？

对于孩子（2岁男孩）的状态有些不满的 B 先生，把一起出去玩时的照片都贴在房间里。孩子自此每天都不厌其烦地和父母说起当天的情形。因为说的次数实在太多了，所以家长又带着孩子重新去了上次那个地方。结果孩子这次像换了个人一样对环境充满了好奇。这是因为孩子每天带着兴奋的心情看照片，出去玩这件事作为非常愉快的回忆刻在了他的记忆之中。

"情绪稳定 & 自信型"的聪明孩子教育法

你非常善于控制自己的情感，对教育孩子也非常有自信，所以不会盲目地听从别的父母的意见，尽量保护孩子原本的样子。所以你的孩子能够放心、不惧失败地去尝试挑战，从而也能发展出和你一样的自信和自我效能感（认为"我也能做到"的感觉）。

正因为你遇事的灵活性，即使计划不能如期进行的时候也不会急躁。正如进化论的奠基人查尔斯·达尔文曾说的，"在自然界能生存繁衍下来的生物，不是最强壮或最聪明的，而是最能适应变化的"。

就让我们来培养孩子的灵活性。**所谓灵活性，就是能够接受并理解他人想法的气度，以及在新的环境中能找到自己想做的事、自己必须做的事的能力。**这也是被众人敬仰的一种领导气质。

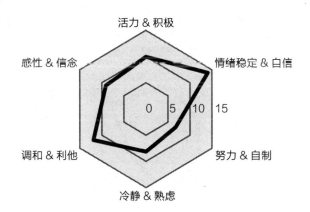

例C：父亲和母亲经常一起讨论

C先生的个性特点

家庭是孩子出生后最初接触的"社会"。父母之间通过互相交换意见进而得到更好的教育灵感。孩子在观察这个过程时会认识到"意见不同也是一件好事"。

C先生因自己家孩子（4岁女孩）太过温柔、不敢说出自己的意见而感到非常担心。后来他尽量把自己和太太交换意见时的场景展现在孩子面前。自那之后，他发现孩子在幼儿园也可以表达自己的主张了，而且还会像大人一样在发表意见的同时照顾别人的感受。真是让人期待这个孩子以后的成长。

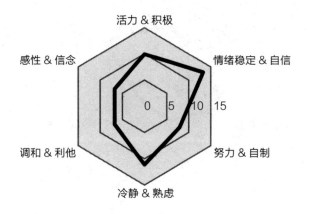

例D：买一套小巧好用的儿童厨具

D女士的个性特点

"厨房里育儿"的好处在于能够培养孩子多种感官能力，锻炼手指灵活度，体验科学的乐趣等。经常能听到一些化学家说"擅长做实验就是擅长做饭"。

作为职业女性的 D 女士，很苦恼的就是在忙着准备晚饭的时候，孩子（2 岁男孩）要找妈妈陪着。于是她为孩子买了一套小巧好用的儿童厨具，每天两人一起做饭。结果是孩子的自信心有明显的提升。现在去超市买菜时，孩子自己就能挑选当季的蔬菜，做菜后对装盘的效果也煞费苦心。这是因为在厨房这个新的环境下，孩子"找到了自己想做的事和一定要做的事"，孩子这种能力得到了发挥。

D 女士的孩子因此掌握了特别多的知识，乃至 D 女士惊讶地发现别人家的孩子其实不知道很多食材的名称。这些知识不是通过卡片或绘本学到的，而是通过生活实践而掌握的真正的知识。

"努力＆自制型"的聪明孩子教育法

人尽皆知的棒球界的天才铃木一郎曾说，"我不喜欢别人简单地把我称为天才，别人不知道我付出了多少努力"。无论多么有潜力，不经过努力，天赋也无法得到发展。和铃木一郎一样，你也是这种乐于努力的类型。

你非常喜欢事前计划，并且非常喜欢将计划都　　付诸实践。为此即便需要放弃一些其他想做的事，对你来说也没关系。

那么让我们一起来发掘孩子努力的才能。虽说如此，但在幼儿时期过于勉强地努力也是不可取的。现在，**只有拥有"这个很有趣，所以想做这件事"的心情，才能在以后转变为"不单纯只是为了有趣，而是为了某个目标而努力"的动力。这样，即便不需要外界干涉，孩子也能主动地学习。**

另外，制订计划时也尝试和孩子一起商量。相信你的孩子也会擅长此事。

例E：把计划大大地写在纸上，贴在客厅里

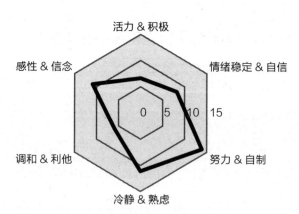

E 女士的个性特点

孩子刚上幼儿园的时候，E 女士白天和晚上简直像打仗一样手忙脚乱。

E 女士是两个女儿（4 岁和 2 岁）的妈妈，平时工作很忙。她的烦恼是，早上想拥有一家人其乐融融的时光，同时让孩子尽量多睡一会儿。

为此她把晚上和早上的家庭计划都用大大的字写在纸上，然后贴在客厅里。没多久大女儿就理解了计划中自己要做的事，率先行动起来。然后，孩子的爸爸也按照计划做出行动上的调整。结果是不仅仅只有孩子，全家都体会到了计划"可视化"后的效果。

例 F：让孩子看到父母努力的样子

F 先生的个性特点

对于孩子来说，家人眼中的"理所当然"就是自己眼中的"理所当然"。并且，说这种"理所当然"会影响孩子一生也不为过。

F 先生以前会在孩子（5 岁男孩）睡着以后，进行资格考试的学习。后来孩子说"自己也想考试"，而且不久就考过了汉字检定 10 级的考试（小学 1 年级水平）。据说这之后还在努力考更高级别的考试。比起父母对孩子说"努力学习"，不如父母把自己努力的样子展现给孩子更有效果。

"冷静 & 熟虑型"的聪明孩子教育法

你在思考清楚之前不会轻率地行动。<u>你会通过冷静的观察，在确认了所有信息的基础上做出自认为最合适的选择。</u>因为原本你就是乐于思考的人。玩拼图游戏时，你会生出某些新颖的点子，在这样的思考过程中获得某些灵感，这对你来说有极大的乐趣。

进一步说,你的责任感很强,周围的人对你非常信赖,你也非常重视自己的信用。你的孩子通过你的行为也会培养出非常强的责任感。

让你的孩子知道,思考是件多么愉快的事吧。但是在幼儿时期,负责逻辑思考机能的前额叶皮质还未发育完全,孩子对于较难的问题会感到无趣。所以,能够简单完成的拼图游戏或者猜谜游戏,有助于培养孩子产生出"思考非常有意思"的想法。

例 G:尽量去玩通过计划和战略导向成功的游戏

活力 & 积极
感性 & 信念
情绪稳定 & 自信
0 5 10 15
调和 & 利他
努力 & 自制
冷静 & 熟虑

G女士的个性特点

G女士是一名5岁女孩的妈妈。为了培养孩子的注意力，她积极地让女儿参与生活中的小挑战。

在暑假期间，让女儿全力地参加最喜欢的水中捞球游戏。为了这次游戏，此前孩子没少在家里的浴缸中练习。也多亏了之前的练习，女儿此次获得了出乎意料的大战利品。虽然对大人来说，这并没有什么特别的，但在孩子眼里，这就是最好的奖章。

如何把石子投向远处、如何把积木堆高……这些都需要一边思考一边进行的活动，可以作为日常生活中小小的挑战，让孩子在心满意足前自己就能提升注意力。

例H：收集整个系列的图鉴放在客厅

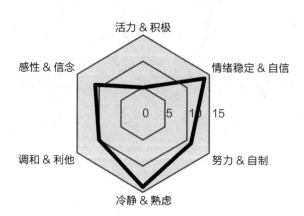

H 先生的个性特点

H 先生是一位爱读书的爸爸。孩子（3 岁男孩）刚出生不久时，就给他读了很多绘本。孩子每次拿来让爸爸读的都是自己特别喜欢的汽车图鉴。

H 先生把这个图鉴的整个系列都放在客厅里特别显眼的地方，孩子一有空就会自己翻看这些图鉴。不知道从什么时候开始，很多没教过的汽车和动物名称，孩子自己就掌握了。

以孩子自己感兴趣的事物为契机，让孩子了解知识的乐趣、提高对学习的兴趣，这是非常重要的一点。让我们把合乎孩子年龄的图鉴类书籍放在客厅里吧。

"调和 & 利他型"的聪明孩子教育法

"利他"就是"利己"的另一面。你会因为给别人带来快乐而感到快乐。所以你的周围总是会聚集很多人。另一方面，当你有困难的时候，也会有很多人伸出援手。

并且，<u>你非常善于沟通，愿意聆听别人的声音，而且</u>

能准确地表达自己的意见。

据说在通常情况下,女性比男性的"调和与利他"能力高。很久以前,保护孩子就是女性的职责。"调和"与"利他"的能力正是抚育子女时所必需的能力,也是进化的必然结果。如果在这方面你的能力很强,那么你非常擅长教育子女。

运用你高超的沟通能力和利他精神,不断地拓宽孩子的世界,帮孩子积累出世界通用的学习和社交能力。

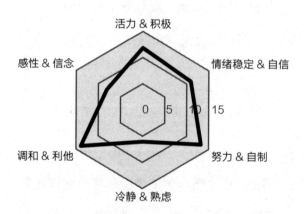

例1:协调家庭聚会

I 女士的个性特点

以前非常喜欢邀请朋友来家里聚会的 I 女士，自从有了孩子以后很少叫朋友来家里。

但是当她和孩子（3 岁女孩）一起策划生日聚会的时候，对女儿的优秀表现感到格外惊喜。为了让所有来参加聚会的人感到高兴，考虑的内容涉及方方面面。即便是大人负责策划也不免感到精疲力竭。

即便不是家庭聚会，也可以和孩子一起考虑诸如"爸爸喜欢吃什么菜、送给爷爷奶奶什么礼物"这类的问题。如此将有助于把孩子培育成细心周到、热情好客的人。

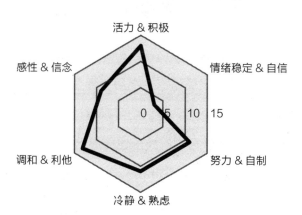

例 J：和孩子一起在跳蚤市场开店

J 女士的个性特点

学生时代在杂货店打过工的 J 女士，和孩子（4 岁男孩）时不时去跳蚤市场摆摊。孩子在摆摊前会认真地清洁玩具、叠衣服等，做好准备工作。贩卖当天还会向比自己年纪小的客人说"请小心地使用"这样的话，完全尽到了当老板的职责。

爱护物品、了解金钱的意义、和不认识的人交流，以上这些品质在跳蚤市场都能很好地学习到。但是注意不要勉强孩子在跳蚤市场待的时间太久，控制在短时间内结束最好。

"感性 & 信念型"的聪明孩子教育法

你有丰富的感性和创造性，并且你非常乐于去掌握新的知识。如果想让孩子喜欢上学习，那么让孩子体会到学习的乐趣是至关重要的。意识到可以通过学习知识而获得快乐的你，能够把学习中的快乐也传递给自己的孩子。

把你所体会到的学习带来的快乐，也传递给你的孩子。通过学习和生活,孩子感性的一面会得到充分的展现。这为理性的成长做好了铺垫,孩子的天赋也会得到全面发展。

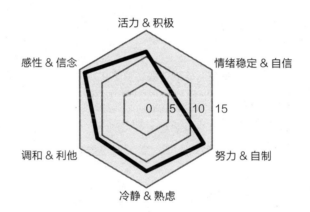

例K:创造宽敞的涂画空间

K先生的个性特点

K先生的孩子(4岁女孩)非常不喜欢练习写平假名。他冥思苦想,期待用一种方法能让女儿喜欢上练习。

以前都是买些市面上的教材,让女儿用铅笔在上面练习写字。后来K先生改用大幅的绘画用纸,让女儿用彩笔或者蜡笔在画纸上练习，结果女儿一下子就喜欢上了。

孩子们特别喜欢大幅度地活动身体来画些大的东西。像在沙堆里玩泥巴、在泳池里玩水或者捉迷藏，对于平时就喜欢大运动量游戏的孩子们来说，练习本上的四方格子实在太过狭小了。准备好白板或卷纸，日常就为孩子创造出可供尽情绘画的空间吧。

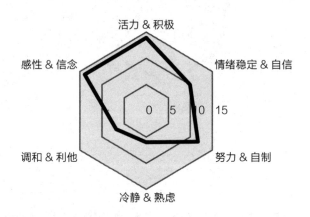

笔者的情况：让孩子看到梦想实现的样子

笔者的个性特点

想要让孩子怀揣梦想，并培育出实现梦想的能力，那么父母作为榜样是最好的。"活力 & 积极"和"努力 & 自制"因素比较高的我（笔者），其实有着非常大的梦想。现在，在很多人的帮助下，我终于有幸能够执笔本书，向着自己的梦想迈出了巨大的一步。

  在作为公司职员时，我每天都会在各种地方碰壁。即便情况岌岌可危，但仍然想尽办法一步一步地向前迈进，我的儿子在离我最近的地方看着我的进步。而我也能感觉到自己每天的努力也在一点一滴地影响着儿子。在让儿子看到我实现自己的梦想之前，我还不能停下脚步！

3 倾注情感的方式
——当父母成为孩子的安全基地,孩子的心灵和记忆力都会成长

培育好孩子的人格和心灵,智力和体力自然而然地会增强

首先,众所周知,聪明的孩子不是一下子就能培育出来的。<u>培育聪明孩子的基础是要有健全的人格和心灵。</u>无论孩子学习多么好、多么有天赋,如果总是怨天尤人或者意志消沉,那周围的人也会敬而远之。他自己做任何事也难以持续下去。这样的人也无从谈起是否聪明。

<u>人格和心灵,100% 都是在幼年时期通过父母形成的,而且基本上一生都不会变化。人格和心灵在幼年时期得到健全后,才会产生出促进孩子智力和体力方面的原动力。</u>

智力和体力在幼年时期确实受父母的影响比较多，但这种影响会越来越少，到了中学时就完全不再受影响了。所以，这就是为什么<u>一定要培养孩子自己提升自己的能力</u>。做到这一点，就能培养出能够适应环境、追逐梦想、聪明且坚强的孩子。

换句话说，不能只顾发展孩子的学习能力，在此之前更要注重的是健全孩子的人格和心灵。

为什么仅仅是在不安时陪在身边，就能培育出聪明的孩子？

在说完了健全孩子的人格和心灵的重要性之后，我们来介绍来自英国发展心理学家约翰·鲍尔比提出的依恋理论。

所谓的依恋理论，即"孩子在怀有不安和恐惧等负面情绪时，通过依附照顾者而寻求安全感的一种本能"。比如孩子通过哭泣来吸引父母的注意、紧紧地抓住父母等。

一个有趣的例子可以证实这种本能。一个正在大哭的婴儿，只要被人抱起来走几步就会立刻停止哭泣，相信很多父母都有过这种经历。事实上，动物界的狮子和松鼠也有类似的举动。只要母亲把婴儿衔在嘴里移动时，婴儿会为了让母亲方便移动而自然而然地蜷成一团。

日本理化学研究所的特别研究员詹卢卡·埃斯波西托等人通过实验证明，母亲在抱着婴儿走动时，婴儿会停止哭泣，减少动作，心跳次数也会降低并进入放松的状态。因为在遇到危险时，如果母亲抱着婴儿不能快速移动则必定无法脱离险境。婴儿在感到不安和危险时会紧紧地抓住母亲。在这种状态下，母亲开始移动就会让孩子进入放松状态，这正是动物为了生存而进化出的一种本能。

幼小柔弱的孩子会更容易感到不安。若孩子这种感受不安的能力出现钝化，会对人类的繁衍和生存产生重大的影响。

但是，当孩子感受到的不安是不必要的时候，父母必须立即对这种不安做出回应。

东京都综合医学研究所的飞鸟井博士曾表示，<u>如果依恋状态中的不安感一直无法得到平复，释放压力荷尔蒙的脑回路就会被强化。这会导致即便是细微的压力也会勾起</u>

以往的负面回忆。进而使被激活的大脑释放出更多的压力荷尔蒙，造成恶性循环。结果，孩子的学习能力、自控能力和注意力都会下降，随之出现各种问题行为。

所以，为了培育健全的人格和心灵，父母对孩子的依恋做出回应是至关重要的。

依恋作用会提升记忆力

下面，让我们来看看依恋作用会对孩子的大脑产生怎样的影响。

孩子从出生到4岁左右，被称作大脑边缘系统的部分会急速地成长，而这部分也被称作"依恋的脑"，借由依恋作用会越发地加速成长。

在大脑边缘体系之中（正好在耳部深处），有掌握记忆关键的海马体。海马体认定必须要记住的事件，会作为长期记忆保存在大脑之中。在海马体的旁边就是掌管人类情感的杏仁核。

东京大学的池谷裕二教授曾提出，在海马体决定是否记住某事时，杏仁核会起到主导作用。换句话说，当杏仁核处于兴奋状态时，一旁的海马体的记忆能力就会得到提高。孩子对于自己喜欢的事物的记忆力往往令人惊讶，这就是缘于海马体和杏仁核这对最强组合的合作成果。当海马体和杏仁核共同作用时，记忆力会大幅提升。所以，当孩子在完成某项学习任务时，无论选用多么优秀的教材，如果孩子无法感受到乐趣，那么效果一定不会太好。父母全力为孩子创建能够激发学习兴趣的环境是非常重要的。

同时，依恋作用会使海马体和杏仁核迅速成长。熊本大学的友田明美教授曾提出，一些受到虐待的儿童，由于在依恋状态下得不到有效回应，导致杏仁核失控，对海马体造成了伤害，结果海马体出现了萎缩的现象。

父母做好心理准备能够培养孩子的探索精神

接下来，我们要具体地看看，什么样的依恋作用能培养出聪明的孩子。约翰·鲍尔比及其后为数众多的学者曾表示，<u>依恋作用对孩子发展起到的影响体现在三大方面——探索精神的成长、自立，以及社会性的提升。</u>

首先，我们来看看依恋作用是如何对孩子的探索精神产生影响的。

在公园等处嬉戏的孩子感到害怕时，会到父母身边寻求安全感。此时父母要认真地做出回应："害怕了吧？没关系！"然后给孩子一个拥抱。当孩子感到安心后会走开继续玩儿，如果再次感到恐惧时还会回到父母身边，这时同样给孩子一个拥抱。如此重复可以有效地促进孩子的探索精神。

在这种情况下，<u>父母的职责就是成为孩子的"安全基地"。正因为是安全基地，所以父母必须先做好心理准备。</u>原本需要父母来让孩子安心的时候，如果父母自己反而表现得很紧张，安全基地的作用就发挥不出来了。

想带着孩子出去玩儿的时候，想让孩子适应新的幼儿园的时候，希望孩子享受课外学习的时候，首先请让自己放松下来。反过来需要注意的是，如果父母表现得过于兴奋的话，孩子也是会难以放松的！

"对孩子来者不拒"可以促进自立

接下来，是关于依恋作用对自立产生的影响。

如果父母一直能作为孩子的安全基地陪伴在他左右，孩子会感到自己任何时候都能被接受。这种想法会使得孩子可以在内心世界搭建"心中的安全基地"。只要孩子前往自己"心中的安全基地"，就能够恢复安全感。这才是自立的本质。

孩子向父母寻求帮助，其实是因为自己"心中的安全基地"还未搭建完善。如果在这时被呵斥"自己去想想办法"，那么"心中的安全基地"到什么时候都无法搭建完成。这就是为什么要"对孩子来者不拒"。

另外，依恋不只是表现为孩子希望被父母拥抱，有时也会以任性撒娇的形式表现出来。明明自己可以做到的事，当被家长命令"去把这个做好"的时候反而会说"我不会"。这就是心理依恋行为。通过这种方式，孩子试图获取"妈妈无论什么时候都会来帮我"的安全感。如果这个时候被家长斥责："这种小事自己都不会吗？"……结果已经无须说明了吧。

3岁的小女孩儿Rei性格比较内向，平时就常躲在妈妈身后。明明自己会穿鞋，可依然总是请求妈妈帮着穿鞋。但是 Rei 的妈妈每次都很有耐心地答应女儿的请求。结果不到半年的时间里，Rei 的自立程度大大提升，有时都让妈妈大吃一惊。如果妈妈在当初没有接受女儿的任性请求，恐怕 Rei 到现在"心中的安全基地"都还没有搭建完成吧。

"自己无论何时都能被接受"的这种积极想法，会在与朋友、老师，以及与各种各样的人接触时形成自我印象，而这种自我印象又会进一步加速孩子社会性的成长。得到父母充分接受的孩子会成长得开朗积极。这正所谓"通过父母所培育出的人格和心灵"。

不过有两种行为，虽然与依恋作用极其相似，但不仅无法促进孩子成长，反而可能潜藏着危险的信号。那就是父母的抢先行为和孩子的试探行为。

下面我们分别讲述这两点。

"抢先行为"会摧毁孩子的意愿

<u>孩子还没有表现出寻求帮助的意图，父母就抢在孩子前面提供帮助，这种方式就是在剥夺孩了学习的机会。</u>

美国科罗拉多州立大学的依恋关系研究者泽伊内普·维林根博士曾说，"抢先行为是不可取的。重要的是，必须在孩子体会到自己的需求并传达出信号后，母亲再做出敏感的反馈"。当时的依恋关系研究是以母亲为主体，但对父亲也同样适用。上文中提到的 Rei 的妈妈，如果抢在女儿提出请求前就帮她穿上鞋子，那就不会给 Rei 留出请求获取安全感的余地。这样她也不会提出自己的需求，对自立没有一点好处。

可是，当孩子单纯地不愿意做某事的时候其实也会向父母求助，鉴别出这两者的区别的确非常难！其实最大的区别就在于，你不在的时候孩子采取怎样的态度。对此可以询问一下孩子朋友的父母。如果你不在时，孩子自己也能做到的话，那就是孩子在向作为"安全基地"的父母撒娇，这是没有问题的！但如果你不在的时候，孩子也指望别人替自己做，那这种情况父母就不该多管闲事了。下次穿鞋的时候，父母可以帮着孩子一起穿，一点一点让孩子自己的事自己做。

"试探行为"是对父母感到不安的征兆

到了 2 岁左右，孩子就会出现叛逆行为。如前文中提到的，从出生之后孩子的大脑边缘系统不断地成长，到了 2 岁左右，孩子的欲求和情感会变得特别丰富。

所以，不满 4 岁的孩子提出无理的要求（叛逆），正是大脑边缘系统正在发育的证明。

通常，控制人类欲求的前额叶皮质会告诉大脑要放弃哪些不该做的事物。但是前额叶皮质是从 4 岁才开始急速发育的，所以不满 4 岁的孩子会控制不好自己的欲求。相信知道这点以后，父母对孩子的叛逆行为也能更加坦然地应对了。

值得注意的是，4 岁以上的孩子的任性行为、不满 4 岁但过分的叛逆行为、明明知道绝对不该做还故意让妈妈为难的行为，这些都有可能是危险的信号。说谎、故意打翻食物、捉弄弟弟妹妹，这些都被称作"试探行为"。这种行为往往和以下情况有关：

- 比自己小的孩子出生后，突然没人和自己玩儿了。
- 父母经常有控制不住情绪的时候。

- 父母经常会说"讨厌""我不管你了""你自己看着办"等粗暴的语言。

这种时候,孩子会对父母的情感感到不安。原本应该平复孩子不安情绪的父母反而成了孩子不安的原因,这样依恋关系就无法奏效。"无论如何都想吸引父母的注意""但是想要被夸奖太难了",所以使出了"让自己被骂"这个终极手段。通过被骂来吸引父母的关注。

"对父母来说,无论何时孩子都是最重要的!"这只是父母的一面之词而已。当父母说出"我不管你了"的时候,孩子可不会理所当然地觉得父母仍然把自己当作最重要的人。父母需要<u>通过语言把"你最重要"的信息明确地传达出来,以此消除孩子内心的不安感</u>。

对于孩子的试探行为,家长发火只会起到反作用。因为试探行为就是孩子为了让父母发火才故意而为的,父母发火只会让孩子觉得"这招可行"。这种时候不能发火,但可以批评。

首先大口大口地深呼吸,让副交感神经启动。然后用平静的心情向孩子表达:"这样不好。妈妈(爸爸)最喜欢的你这么做,妈妈(爸爸)会难过"。

简单的依恋行为:早上抱着换衣服

那么,接下来我们开始对依恋行为进行说明。可能有些家长会觉得:"话虽明白,但平时哪有时间做这做那呀!"对于有类似想法的父母,有个方法正好适用。那就是<u>从清晨就开始给孩子充足的安全感</u>。

已经 4 岁的小男孩 Yugo,每天早上换衣服都慢吞吞的。妈妈在准备工作和早饭时忙得不可开交,不自觉地就频繁地命令他:"快点!"

为了改变这种状况,妈妈每天早上在 Yugo 起床的 10 分钟前,就把还在睡觉的 Yugo 抱起来坐在自己的腿上。看着孩子天真的睡脸,自然地流露出"真可爱""太喜欢了""谢谢你的出现"等心声。这时 Yugo 在妈妈温柔的声音中醒过来,被妈妈抱在腿上的同时,就顺势把衣服换完了。之前那么难熬的换衣服时间,变成了现在被催产素(幸福的荷尔蒙)填充的时间!

通过早上的这种交流，Yugo 在很短的时间内就构建了"心中的安全基地"，依赖妈妈的次数也急剧减少了。

亲子间接触而产生的催产素被称为"幸福的荷尔蒙"

最后，让我们对上文中提到的催产素进行说明。

最近的研究表明，名为**催产素的这种荷尔蒙和依恋关系有着密切的关联，而催产素就是母性本能来源的荷尔蒙。**

根据北卡罗来纳大学教堂山分校的科特·A·彼得森博士的研究，对未婚的雌性小白鼠注入催产素后，即便面对的不是自己的孩子，它也会热心地抚育起来。

另外，分娩时子宫的收缩，以及哺乳时乳汁的分泌，这些都是由于催产素的作用。在女性怀孕之后，催产素会大量释放，从而使母性本能得到全面提升。

进一步的研究表明，**由于依恋作用，母子间的肢体接触会让彼此脑内的催产素都得到分泌。**

催产素也被称为"幸福的荷尔蒙"。既然是幸福的荷尔蒙，肯定会在幸福的时刻分泌。新娘在婚礼时的催产素浓度就非常高，并且这种幸福的荷尔蒙还有与别人取得共鸣、缓解精神压力、让心情平复和冷静的效果。从脑内分泌的催产素会让母亲更加想拥抱自己的孩子，借此让孩子也越发地感到安心。

同时，父亲会受到影响的是与催产素极其相似的抗利尿激素。身为人父后，抗利尿激素的作用就会提高，男性也会因此被激发出父爱。

4 奖励
——不当的奖励会剥夺孩子的学习欲和想象力

你在让孩子做了什么事情之后,给过孩子奖励呢?似乎奖励确实能让孩子的注意力提高。

但是,<u>如果用了错误的奖励方法,也可能导致孩子的天赋被浪费,使其变得不擅长学习、讨厌学习。</u>

严禁对孩子"因兴趣而做的事"进行奖励

斯坦福大学心理学家马克·莱佩尔博士等人曾做过一项著名的实验。1973年,在某家幼儿园,研究者们通过给喜欢画画的孩子们奖励,来观察孩子们会有何变化。

首先,他们把喜欢画画的孩子分成三组。在A组中事先告诉孩子会颁发"优秀作品奖",同时将奖状展示给孩子们,画完后将奖状颁发给他们。在 B 组中,并不事先告诉孩子关于奖状的事,在完成后再给予他们奖状。在 C 组中,既不和孩子说关于奖状的事,也不会在他们完成绘画后颁发奖状。

接下来是实验的关键部分。此后的 1~2 周,实验人员仍然把画画用的工具都摆放在房间里。原本喜欢画画的孩子们一到自由活动时间都会来画画,但是经过上次的实验,有一组孩子的画画时间明显和其他两组不同。你能想得到是哪组发生了变化吗?

结果是,在画完画后直接得到奖状的 B 组和到最后都没有得到奖状的 C 组,在自由活动时间仍然会热衷于享受画画的乐趣。画画的时间占到自由活动时间的 17.8%。

但是,在一开始就知道有奖状,并且作为奖励领取了奖状的 A 组,画画的时间变成了其他两组的一半。结果竟然是因为得到了奖状反而对画画失去了兴趣。

类似的实验在全世界范围内非常常见。**有些行为并不是为达成目的而努力,仅仅是因为有趣才做的。如果对这**

种行为进行奖励，会让人失去对这件事本身的兴趣。

这所幼儿园的孩子们平时是否要画画是自己自由决定的。正因为"自己决定"从各种游戏中选择了画画，所以才对这件事特别感兴趣。他们并非为了获得奖励，仅仅是因为觉得画画有趣。

但是，对于那些知道画画之后会被授予"优秀作品奖"的孩子而言，奖状的魅力过于强大，以至于在无意识之间产生画画就必须要拿奖的意识。也就是说，奖励剥夺了孩子"自己决定"的自由，也剥夺了他们对于画画的兴奋感。

奖励是一件特别美妙的事。如果对人们原本就喜欢的事进行奖励，那难得的兴奋感就消失了。这种情况被称为"破坏效应"。

如果不再给予奖励，成功也不会感到快乐

这次我们来介绍日本的实验。玉川大学的松元健二教授等人，对于奖励行为如何影响大脑活动进行了调查。通过名为"秒表课题"的游戏来观察大脑的活动。此处所谓

的"秒表课题"是指，在秒表开始跳动后，在到达 5 分钟的正负 50 毫秒的范围内把秒表停下来就算成功。说不定你以前也用秒表玩过这类游戏，而且相信你每次都玩得特别投入，即便失败了，气氛也会很热烈。

松元教授等人向参加者表示"如果成功就奖励 200 日元"，然后开始进行游戏。第二次，他们向参加者表示"这次成功了也没有奖励"，然后再进行一次游戏。也就是说，之前原本能得到的奖励突然得不到了。结果非常有意思的事发生了。最初被告知"成功就奖励 200 日元"的人，随着每次成功，大脑的纹状体前部（脑内因达成某事而感到兴奋的部分）都会非常活跃。但当奖励被取消后，成功时和失败时这部分的活跃程度就没有太大差别。也就是说，无论成功还是失败，人的反应都仅仅只是"哦，是吗"而已。

现在大家能够充分理解，**只要给过一次奖励，如果再取消，那兴趣也会跟着消失**。一旦兴趣消失，再去考虑"为什么会变成这样"，想从成功和失败的原因中学习的意愿也会消失，所以这种奖励太得不偿失了。

给奖励就要给惊喜

虽然这么说,看着孩子拼命努力的样子,确实也会产生想给孩子一些奖励的心情。这种时候要通过惊喜的方式来实现。

其实松元教授等人还做了另一项实验。一组人在不知道有奖励的情况下进行游戏,游戏之后作为惊喜,奖励优胜者 200 日元。这样一来,在此之后的游戏当中,即便知道没有奖励,大脑的活动情况也会显示参加者对于成功感到非常的开心。

也就是说,**作为惊喜给予的奖励不存在破坏效应**。在马克·莱佩尔博士的实验中也同样证明,以惊喜的形式领到奖状的孩子们在此之后也没有改变对画画的兴趣。结果和松元教授的实验是一样的。

得到奖励会丧失想象力

当你的孩子迸发出异于常人的有趣想法时,你是否会感到特别开心呢?想必你也期望着孩子未来可以成长为能创造出更多了不起想法的人吧。无论是只有学习好还是全面发展，对于孩子的要求不执着于正确答案，保护孩子天马行空的想象力，凡事从正面给予肯定，都是作为父母重要的职责。

但是，如果因为给了奖励而导致孩子丧失"自己决定"的自由，那想象力其实也会跟着消失。

纽约大学的心理学家萨姆·格鲁兹堡博士进行的实验，对这一现象讲行了简单易懂的验证。

首先，实验人员为大学生们展示蜡烛、火柴、放有图钉的箱子的图片。然后提出问题："要想在墙上固定蜡烛然后点燃，但是不能让蜡滴到蜡烛下方的桌子上，该怎么办呢？"

那么，你是怎么解这道题的呢？

这道题的答案是，把图钉从箱子里取出来，将蜡烛立在箱子里，再用图钉把箱子固定在墙上。但是很多人仅仅把箱子当作"盛放钉子的工具"，甚至没有去考虑"要是这个箱子能拿来用就好了"。所以，要解出这道题需要些许的想象力。

接受此实验的大学生们被分成 2 组。实验人员告知其中一组"实验要观察大家解这道题时所用的平均时间",然后告知另外一组"解题速度靠前的 25% 的人会获得 5 美元,解题最快的人将获得 20 美元"。你认为哪组平均解题的时间更短呢?

结果是,没有奖励的一组平均用时 7 分钟,有奖励的一组平均用时 10.5 分钟。可见<u>**奖励妨碍了想象力的迸发**</u>。

新的想法,是在失败的时候去思考"为何如此",然后从失败中孕育而生的。所谓"失败是成功之母"是老生常谈了。相反,如果有奖励可能就会让人不想从失败中学习,转而思考如何通过捷径达成简单的目标。

对"不想做的事"给予奖励会更危险

此前关于蜡烛的实验,把图钉从箱子中取出来之后再进行一次,也就是给大学生们直接展示蜡烛、火柴、图钉、箱子的图片,然后要求在蜡不滴下来的情况下,把蜡烛固定在墙上。这次给予奖励的一组以压倒性的速度解出了题目。把图钉从箱子里拿出来,这道题就变得极其简单了，也不需要想象力。

但是我们必需要了解为什么完成时间变短了，并非缘于自己想做此事，对于在只能做的情况下，有奖励的一方做得更快。这是非常简单易懂的结论。

例如，"读一本书就给奖励""帮忙复印文件就给奖励"，诸如此类并非发自内心想要做的事，一旦**养成了"只要遵从指令就能得到奖励"的习惯，就会形成"指令等待型人格"**。确实这样是比什么都不做的情况稍好一点，但仅仅如此也无法培育出想象力。

"虽说是从××大学毕业的，但别人不说就什么都不做。"如果最后得到这样的评价是不是有些太遗憾了呢？

如果孩子不喜欢做某事，不要试图用奖励刺激孩子的积极性。考虑如何才能让孩子对此事产生兴趣，对父母来说才是最重要的。"自己一个人读完这本书的话，就奖励你巧克力"，这样的话绝对不要对孩子说。

5 父亲的重要职责
——父亲有着母亲无法替代的职责

母亲不能完全替代父亲

为了提升孩子的学习能力、培养其自我效能感及社会性，父母分别有着不同的职责。虽然根据家庭的具体情况也并非一概而论，但通常**父亲无法替代母亲的职责，母亲也不能取代父亲的角色。**

这个理由如同孩子只能被母亲生出来而不是由父亲生出来一样，两者的职责很难互换。

根据日本内阁府发表的数据显示，2016年，在有不满6岁儿童的家庭中，母亲和孩子玩耍的平均时间是3小时45分钟，父亲的时间是49分钟。2006年，父亲和孩子玩耍的平均时间是 33 分钟，虽然在这 10 年间增长了 1.5 倍，但也不过是母亲陪伴时间的 1/5 而已。

不过，父亲的职责和与孩子的相处时间并无关系。<u>即便时间很短，如果能够有效地发挥自己的职责，那么也可以成为孩子发展学习能力的基石。</u>

接下来，在了解父亲在培育聪明孩子过程中的职责之前，先让我们通过最新的研究成果来看看父母间的关系将对孩子造成怎样的影响。

父母吵架会影响孩子的智力

心理学家尼古拉斯·沃尔什博士曾进行过一项有名的实验。他发现幼儿时期经常目睹父母吵架的孩子，小脑中的灰白质（神经细胞聚集的部分）会呈现出明显的减少。小脑虽然比大脑要小很多，但是它却聚集了比大脑更多的神经细胞。在学习新的技能时，小脑会起到极其重要的作用。同时，<u>小脑中灰白质的减少还会与情绪调节障碍、精神分裂、自闭症等症状相关。</u>

除此以外，还有许多研究也表示父母争吵会对孩子造成负面影响。父母间的争吵对孩子来说是极其严重的阴影。拒绝不想看见的事物和不想听见的事物，会阻碍孩子大脑的成长。"父母间友好的关系对孩子的大脑发育有非常重要的作用"，这一观点早已被证实。

下面，我们就从精神层面来看看孩子与父亲、母亲的关系。

出生后最初遇到的"别人"

人类的婴儿孕育于母亲的身体之中，两者形成并存于一个"身体"的状态。这种状态持续 10 个月后婴儿出生。这时起，"身体"一分为二。

但是正如英国的儿童精神科医生唐纳德·温尼科特所说，人类的婴儿在出生后很长时间，精神上仍然和母亲保持统一。此时的婴儿还没有察觉到自己和母亲拥有两个独立的人格。随着成长，孩子才意识到自己与母亲是不同的个体，但在内心深处依然与母亲紧密相连。

然而，孩子对于父亲就不存在这种共同体关系。从一开始，父亲就是与自己不同的人。所以**父亲就是孩子出生后遇到的第一个"别人"**。

因此，从某种程度上可以说：

母亲 = 自己

父亲 = 别人

也就是说，**母亲与父亲的关系，就是孩子自己与别人关系的模板**。这种关系无法像教说话一样教给孩子，只能靠孩子切身地体会，并理解为理所当然的行为。

所以**孩子与社会的理想状态，应当就像母亲与父亲的关系**。孩子通过父母间的关系，来掌握与他人接触的方法。看着父母相互体贴成长起来的孩子，会把善待他人也视作理所当然的举动。相反，如果父母两人是不为对方设想的冷淡关系，那孩子也会理所当然地用同样的方式对待别人。

父母应当时刻意识到自己就是孩子的榜样。如果希望孩子成为某种类型的人，那么自己也应表现出相应的行为。

母亲尊重父亲会培育孩子的社会性

家庭是孩子最初接触到的社会。所以在家庭中，需要让父亲得到尊重。因为"母亲 = 自己""父亲 = 别人"。**母亲通过尊重父亲的行为，可以培育孩子尊重他人的意识，即社会性。**

日本国立精神·神经医疗研究中心的菅原 MASUMI 博士等人，在神奈川县某市的妇产科走访了 1360 名母亲，并在长达 11 年中进行追踪调查。结果发现，母亲越是信赖父亲，孩子发生问题行为的次数越少。

母亲信任父亲，孩子也会尊重父亲，学会听从父亲的话，进而建立遵守秩序的意识。反过来，在学校不听从老师教育、体育运动时不服从教练安排、不接受哥哥姐姐说的话，有这类问题行为的孩子多出现在母亲不尊重父亲的家庭中。

母亲培育自我肯定感，父亲培育责任感

正因为"母亲 = 自己"，所以孩子和母亲的关系即自

我肯定的基础。**喜欢自己、相信自己、想要提高自己的意识，是通过和母亲的关系得到培育的。**这些都是面向自我的意识。

由于"父亲＝别人"，孩子与父亲的关系才是其面向社会意识的基础。**作为一个个体被父亲认可的喜悦、乐观的想法、积极性和主动性等这些面向外部的意识会得到发展。同时，责任感也会得到培育。**

换句话说，与自己心灵相通的母亲，向父亲表示尊重，会让孩子也尊重父亲。相反，父亲对孩子表示的尊重也可以提高孩子的自信心，培养孩子开朗的性格。

父亲要向孩子教授礼节

日本东京女子大学心理学家、《父性的复权》一书的作者林道义教授曾说，**"父亲一定要是个出色的人"。因为孩子的进取心很强，作为孩子遇到的最初的"别人"，要成为让孩子努力向上的榜样。越是出色的父亲，孩子的进取心越强。**

当然，母亲也要在私下里多称赞父亲。越和孩子说"爸爸很厉害"，越能激发孩子的进取心。相反，"可不能变成你爸那样"等表达，会让孩子感觉不到父亲很出色，结果导致孩子的进取心不能得到成长，变得不爱努力。借由父亲的榜样，孩子会成长为真挚地面对各种事物、不懈努力的性格。

所以，<u>这样出色的父亲，也肩负着教授孩子礼节的重任</u>。在很久以前的日本，父亲的职责之一就是将正义、道德、文化等价值观悉数灌输给孩子，而母亲则会按照这些价值观，通过语言仔细地改正孩子细小的行为。

让父亲和孩子一起去野营

马里兰大学的娜塔莎·J.卡布雷拉博士等人，对1685名2~3岁儿童，以及2115名4岁儿童进行调查，发现和父亲接触多的孩子认知能力和语言能力更强，情绪也更稳定。

在另一项对于父子关系的研究发现，越是在幼儿期和父亲频繁游戏的孩子，遭遇新的困境时越会勇于挑战，并最终取得一定的成就。

对孩子来说,**母亲是安定、安心的象征,而父亲是冒险、非日常的象征**。孩子和父母游戏时的感觉也是各不相同的。所以经常和父亲进行游戏可以培养出敢于挑战、不畏困难的品格。

让父亲把孩子带到大自然当中,享受野营、钓鱼和烤肉的乐趣,体验滑雪和潜水,在自然中获得各种经验。

6 父母的语言
——孩子会变成父母评价中的样子

一直说"你是个守时的孩子",孩子就真的会变守时

如果父母能够正确地理解孩子的心理状态,将会影响孩子的一生。

对于任性的孩子,家长和学校的老师都感觉是烫手的山芋。"已经 7 点了,该去洗澡了",一天晚上,在你招呼孩子去洗澡之后,如同往常一样,孩子执拗不肯动。终于在 30 分钟的连哄带骗后,艰难地把孩子拖进了浴室。唉,真是受不了了!

这时,你会说的一句话是什么?

A："你要是一直这么任性的话，妈妈（爸爸）和学校的老师都会非常为难的。以后得好好遵守时间！"

B："你平时很遵守时间，可帮了我大忙了。希望你洗澡的时候也能这么做。"

那么，如果是你，你会选择说哪句话呢？

在这种情景下，需要了解孩子三个非常重要的心理状态。

第一，<u>**孩子不擅长反省认知**</u>。反省认知是指孩子了解自己、认识自己的能力。这种反省认知的能力从孩子小学3年级时才开始发育。所以，在此之前，孩子对于自己的任性行为是无法认知的。

第二，<u>**来自父母的评价 = 孩子的自我评价**</u>。正因为孩子还不能认知自己，所以会将父母的话原封不动地转变成"自我评价"，而且这种自我评价多会伴随孩子一生。

值得一提的是，对于治疗抑郁症等精神疾病效果显著的认知行为疗法，就是从了解患者幼年时期形成的负面自我评价的原因开始的。认知行为疗法的权威——牛津大学的梅勒妮·芬内尔博士表示，"人在成长过程中，会把对自己极为重要的人的话放在心里……也就是说,现在我们对于自己所持有的认知和看法,很多时候是在小时候来自外界评价的映射"。

第三,**人会表现出符合自我评价的行为**。成年人也会对于自己有着特定的印象。通过做出符合这些印象的行为,其所持有的自我评价会进一步被加强。但是,**虽然成年人会有意识地做些符合自我评价的行为,但孩子是完全无意识地按照自我评价来行事的。**

也就是说,被父母评价为"任性"的孩子,会真的相信自己是任性的,并且会按照"任性"的态度来行事。当周围的人都在说自己任性时,"我就是任性的"自我评价会越来越深刻。

当然,孩子说"讨厌洗澡"的时候一定要批评。但最后来到浴室,无论经历了什么样的苦战,到最关键的这个瞬间,还是要笑着说"你其实一直是个遵守时间的好孩子"(注意:带着讽刺的语气说是没有效果的)。由此,孩子会产生"自己是遵守时间的孩子"的自我评价。

因为孩子不擅长反省认知,所以不会评价自己是"不遵守时间的孩子",而且此刻自己不就在浴室里吗?这样,下次妈妈说"7点了,该去洗澡了"的时候,"我是遵守时间的孩子"的自我评价就会启动,会比昨天稍快一点去洗澡。如此反复进行,孩子就能变成名副其实的遵守时间的孩子了。

及时批评孩子的负面行为,每天进行正面的鼓励

如果想让孩子变得对朋友友善,那孩子在恶作剧时就要当场批评,然后从日常生活的点滴中发现他小小的友善,不断地对孩子说"你一直都是这么友善,谢谢你"。这样,孩子就会形成"我是友善的"自我评价,接着会逐渐增加友善的行为。绝对不要对孩子说"你平时就经常对大家恶作剧,大家可难受了"。

如果希望孩子能表达自己的意见,那么在孩子欲言又止的时候给予其支持。当孩子努力把意见说出来时,无论孩子的表达是多么笨拙,一定要趁着孩子没有褪去的兴奋夸奖他:"你总是能表达自己的意见,了不起!"

如果希望孩子变得擅长算术，可以说："我的算术都比不过你了！"孩子会更热衷于算术。

言语会影响孩子的内心

因为言语而改变行为的不只有孩子，大人也是如此。纽约大学的约翰·巴尔夫博士做了一项实验，让大学生用几个单词来写文章。实验分为两组，其中一组使用"强制""让人为难""碍事"等负面的词语，另一组则使用"尊敬""感谢""有礼貌"等正面的词语。

文章写完之后，实验人员要求两组分别向负责人进行说明，但是负责人其实此时正在和别的学生对话，根本忙不过来（事先安排）。

很多写了负面文章的人会直接说："抱歉，您现在有时间吗？"采用带有攻击性的方式切入话题。与此相对，很多写了正面文章的人会说："没关系，我在这等会儿！"然后在一旁慢慢地等待。这种现象被称作启动效应。可以说，**言语确实是会影响人的内心**。

所以，如果每天都说或者写很多关于快乐、喜悦、幸福等正面的语言，孩子就会因为启动效应而变得更加积极友善。

更重要的是，对孩子使用温柔的语言，孩子也会形成正面的自我评价、增加积极的行为，自然也会变得幸福。于是又会使用更多正面的语言，致使正面语言的循环出现。

结果是，父母和孩子每天都会使用那么多正面的语言，被幸福所围绕。

人所有的烦恼，都是人际关系的烦恼

到此为止，我们说明了父母应对孩子使用什么样的语言。

孩子自己使用什么语言，无论在幼儿园、在学校还是在社会上都是非常重要的。下面我们来研究一下孩子使用的语言。

人是如何理解他人心理的呢？"心智理论"中包含了

发展心理学、灵长类生态学、自闭症研究等多个领域，是近十年来最重要的话题之一。

孩子小的时候会和玩具进行交流，渐渐地开始学会说"请"，学会理解别人，和别人取得共鸣，和别人越走越近。

在日本，个体心理学家阿尔弗雷德·阿德勒因心理学家岸见一郎先生与作家古贺史健先生的著作《被讨厌的勇气》而广为人知。阿德勒曾经说**"人所有的烦恼，都是人际关系的烦恼"**。比如，人想要保持美丽是希望被他人瞩目，想要金钱是因为和他人相处时金钱必不可少。

想培养聪明的孩子，是希望孩子将来能被朋友围绕，过上幸福的社会生活。而理解他人心理的能力，就是能让孩子更幸福地生活的重要能力。

为了弄清如此重要的"心智理论"，现在很多研究者都在对此进行研究。虽然不明确的地方仍有很多，也没有得出结论，但还是取得了一些进展。

读懂别人的心理很难，6岁的孩子只有一半可以做到

说到这里，"心智理论"到底是如何进行研究的呢？我们来介绍一下剑桥大学的自闭症研究者西蒙·巴伦-科恩使用过的著名实验——虚假信念任务（Sally and Ann Test）。

Sally 把玻璃球放在篮子里以后就离开了房间。

Sally 不在的时候，Ann 把玻璃球从篮子里取出来，放进了箱子里。

Sally 回到房间。

Sally 想找玻璃球，应该从哪找呢？

听到这里，孩子已经知道玻璃球从篮子里被拿出来放到了箱子里。但此处的关键是，孩子能否理解 Sally 的心理状态。对于最后的问题，回答"篮子"的一般是4岁左右的孩子。

从理解别人最简单的欲求，到发展出揣测对方真实用意这种复杂的心理，理解他人心理的能力是分阶段成长的。好比每个人的喜好不同这种事，就算是3岁的孩子也

明白。但是能理解别人的行为和实际心理状态有可能不同的人却很少。比如，有的人即便是遭到周围人的捉弄也会逞强不表现出来，但是心里其实是非常难过的。而理解到这种程度的孩子，一般 5 岁的孩子中只有 10%，6 岁的孩子中大约只有 50%。

　　了解对方的心理状态，正确理解对方怎么想、怎么做，是件非常困难的事。所以当孩子不理解他人的心情时，请不要着急，这对大人来说也是很困难的。这种能力会随着年龄增长而提升。

7 这样做，能让孩子喜欢上科学
——比起孩子问"为什么"时立刻上网搜索，不如和孩子一起在厨房里找答案

立即回答孩子的问题，其实是不对的

到了两三岁的时候，孩子开始就某些事不断地问"为什么"。这就预示着"为什么期"的到来。这时早就对教育孩子这件事翘首以盼的父母终于觉得"机会来了"，迫不及待地想把各种科学知识都告诉孩子。天空和大海为什么是蓝色的、潮起潮落的原因是什么、风是怎么刮起来的，等等，拼命向孩子进行灌输。

但是，请等一下！

我从事化学方面的工作已经有 20 多年了，日复一日地重复着各种实验。这种被科学实验充斥着的生活每天都

让我愉快的不得了。

我是如此热爱科学,其中一个理由就是,当自己心中的"为什么"得到答案的瞬间能收获巨大的快乐。而且,在发现答案之前的这段时间里,"这一个也不对""那一个也不对",如此冥思苦想几经波折的过程才是让我最愉悦的。

这时如果旁人过来说"答案就是×××",那乐趣就荡然无存了。经历从寻找答案到发现答案的过程,才是科学的乐趣。

当然,两三岁的孩子的思路,在大人看来大多是杂乱无章的。而且,孩子不擅长想象此刻眼睛看不到的事物,所以也很难正确地理解事物的构造。

即便如此,**现在让孩子体会到自己思考、自己想象的乐趣,比把大人教给的东西囫囵吞枣地背下来重要 100 倍!即使孩子的想法可能并不是正确的。**过几年之后,孩子从某本书中找到了答案或者自己突然灵光一闪的时候,就能满怀喜悦地感慨道:"原来是这样啊!"所以,为了不剥夺孩子的这种喜悦,为了让孩子了解科学的乐趣,当被问及"为什么"时，不要轻易地把正确答案说出来。

这才是正确答案！被问及"为什么"时的回答方法

那么，<u>当被孩子问"为什么"的时候，可以回应："是啊，为什么呢？真不可思议！"然后借此和孩子一起展开想象</u>。

这里有一个重点。小学入学前的孩子究竟有多么不擅长想象眼前看不见的事物，可能是超乎大人预料的。而且，孩子也不会认为想象看不见的东西有多有趣。相反，孩子对此刻眼前看得见的东西更感兴趣。比如，当孩子问"为什么电车跑得这么快"，如果回答"因为电力的作用"这种"眼睛看不见的理由"，孩子不会觉得有意思，多半会"嗯……"一声就没有下文了。

这种时候，如果回答："是不是因为跑得快的时候心情好呢？""因为这样一下就能跑到离得很远的××家呀"，诸如此类答案就能让孩子切身感受到具体事物，或者谈论"目所能及的结果"，孩子也会抱有兴趣。如此不仅更易于扩展想象，而且孩子也能像察觉到某种重大发现一样获得满足感。

孩子小时候，比起教授他知识，让他体验到"接触了很多很厉害的事"的满足感，更能激发出越来越多关于"为什么"的思考。当脑海中的"为什么"足够多的时候，渐渐"原因和结果"就会被衔接起来。

当孩子想出的答案很像最终答案时，"对，没错，可能就是这样！"这样的夸奖能为孩子带来得意的感觉。让孩子期待将来自己也能拥有某些重大发现，这对于培育孩子科学方面的兴趣爱好特别重要。

厨房才是最好的科学实验室

不要等着孩子来问"为什么"，日常生活中可以通过各种实验激发孩子的兴趣，引发他们提出更多的"为什么"。但说到做实验的话，要做什么比较好呢？干冰实验？制作黏土？还是巨大的肥皂泡？这些实验的内容有限，没做几次就能做完了，而且孩子也不喜欢重复玩。

其实也无须那么大费周章，<u>每个家里都有一所最好的</u>

<u>实验室——厨房。对于孩子来说，厨房是个不可思议的场所。而对母亲来说，这就是自己的主场（对父亲来说可能也是）。</u>要培育聪明的孩子，去做父母自己最喜欢、最擅长的事才是最有效的。

在小麦粉中加入鸡蛋和水就能制成绵软美味的日式煎饼。这是因为在小麦粉中的蛋白质（谷蛋白和醇溶蛋白）能吸收水分，变成网状的生面团。在这个状态下用100℃以上的高温加热，待网状生面团中所含的水分蒸发掉后，就会变得像海绵一样。

除此以外，热水比冷水更容易让糖溶解，白萝卜根据切的角度不一样辣度也不同，满是油渍的盘子用洗涤灵一洗就干净了……<u>在大人看来理所当然的事情背后，隐藏着许多不可思议的科学问题。让我们和孩子一起享受思考这些问题时的乐趣吧。</u>

在厨房帮忙，算术也能变得更好

通过给家里每个人准备碗筷让孩子熟悉数字，通过使用量匙、量杯来掌握量的感觉，在厨房中有很多与数学有关的元素。

青椒根据切的方向不同，切口也不一样。扁豆均分成 5 段时要考虑每一段的大小。这些能够培养孩子对于图形的感觉。

此外，在厨房里不仅需要多动手指，还可以学到与文化和节气相关的知识。

而且，**原本讨厌的食物经过自己动手制作后，孩子就有可能会喜欢上它们**。当然，和孩子一起做饭会比平时多花 10 倍的时间。偶尔有空的时候，不妨和孩子一起试试。

8 父母的情绪控制术
——父母的愤怒会影响孩子的大脑，通过深呼吸就能缓解情绪

对孩子施加粗暴的语言，会对孩子的大脑造成损害

这一部分想向大家说明，父母如何通过控制自己的愤怒情绪，来改善孩子的大脑机能。

有许多研究都表明，虐待等精神压力会对孩子的大脑造成伤害。在此处我着重介绍其中的一部分。

根据福井大学友田明美教授和哈佛大学的共同研究结果显示，在粗暴语言环境下长大的孩子，大脑的听觉皮层会增大变形。

幼年时期被施加粗暴语言会导致大脑失去控制地肆意

生长和发育，结果长成像杂草丛一样凌乱无章的状态。指向孩子的粗暴语言不仅会导致孩子听觉障碍，也会使孩子的智力和理解力发育迟缓。

根据爱知县小儿保健医疗中心的调查，到该中心的儿童虐待专家门诊求助的孩子或多或少患有广泛性发育障碍（29.1%）、注意力缺陷多动障碍（15.7%）、智力障碍（8.6%）、反应性依恋障碍（40.8%）、解离性障碍（47.1%）、创伤后压力综合征（32.3%）、对立反抗症（19.6%）、行为障碍（25.3%）等。

这是多么令人心痛的事实。粗暴的语言虽然并不构成虐待，但是对于孩子精神上、身体上造成的压力是确实存在的，这会导致孩子身心两方面都遭到严重伤害。

人不会"忍不住发火"，只会"想发火时发火"

"批评"和"发火"是完全不同的两种状态。"批评"常处于冷静的状态，它往往表现为当孩子的行为对你或周围的人造成麻烦时，或者孩子自身也陷于危险之中时，通过将此事告诉孩子来促使其反省。

相比之下，"发火"则打破了冷静的状态。常常表现为当孩子的行为背离了你的期盼时，通过施加压力向孩子表达自己生气的行为。**对于孩子，我们可以"批评"，而不要"发火"。**

虽说如此，我们平时也难免对孩子动怒。明明与朋友和同事相处时自己都能心平气和，但为什么唯独面对亲爱的孩子时却会如此呢？当察觉到自己发火过头时，我们经常会说因为"没有控制住自己的脾气"。

你是否听过能够有效地控制愤怒情绪的方法——"愤怒管理"呢？日本最早介绍愤怒管理的安藤俊介先生曾说，"并不是因为具体的某件事让你愤怒，而是你根据时间和地点选择让自己愤怒"。并不是"忍不住"才会发火，而是自己心里想着"我要发火"才真的行动出来的。

换句话说，**只要自己心里不去想"我要发火"这件事，在一定程度上就可以控制自己的愤怒。**现在，让我们看看如何通过有效地控制愤怒来磨炼孩子的知性能力。

愤怒像赌博一样容易上瘾

父母会爆发情绪其实是件自然平常的事，因为父母平时就在持续地面对压力，父母在照顾孩子时无法得到彻底的放松。当孩子不听话时，自己的话无法让孩子明白时，即便父母看起来很平静，实际上也会承受许多潜在的压力。

当大脑边缘体系中的杏仁核感知到压力、不安或危险时，会分泌肾上腺素和去甲肾上腺素，由此让人进入兴奋状态——心跳加快、血液中的葡萄糖浓度上升、能量得到储存。这就是我们称之为愤怒的东西，预示着人进入了战斗状态。

这是人们从危险中保护自己的极其重要的本能。特别是养育孩子时的母亲，需要及早察觉孩子身边的危险，所以更容易进入战斗状态。因此，母亲有时会爆发情绪是件最自然不过的事。

尽管这样，发火会像赌博一样容易变成习惯。人会沉迷于赌博的原因在于，在赌博获胜的瞬间，大脑会分泌多巴胺使心情愉悦。

愤怒爆发时也会在一瞬间让心情变得舒畅。大脑会记住这种感觉并想要重复这种行为。而且就像赌博的筹码越来越高一样，经常愤怒，愤怒这种情绪也就会更容易被激化。

既然愤怒是无法避免的事，重要的是，努力去接纳和控制这种情绪。

同样一个行为，有时需要发火，有时不能发火

下面，我们将展示4组母子间的对话。让我们在育儿支援中心这个场景中，看看各位母亲都是怎么表现的。

A女士和孩子一起来到了育儿支援中心。在这里做游戏的孩子们都非常懂礼貌。他们有的热衷于看上去很难的拼图游戏，有的灵巧地把积木堆得非常高。

相比之下，A女士的孩子对所有游戏都会很快厌倦，完全不能集中精力，也静不下来。A女士虽然知道孩子间不能互相比较，但也确实看到了差距。不知道是不是因为焦虑，A女士的心情开始变得焦躁起来。就在这时，A女士的孩子不小心把她的包弄翻了。

"你干什么呢？"终于 A 女士情绪爆发了，发火的程度让周围的人都退避三舍。

这次是 B 女士。B 女士也和孩子一起来到了支援中心。和别的孩子都与妈妈寸步不离不同，B 女士的孩子一个人在四周进行探索活动。周围的母亲看到后，都向 B 女士请教"怎么才能培养出这么积极的孩子"。这其中也有人觉得是因为"当孩子失败时也给予其肯定"。

此刻 B 女士感觉自信满满，心情非常好。这时，B 女士的孩子也不小心弄翻了她的包。

"哎呀，要小心一点啊。"由于被周围赞赏了半天，而且还被夸奖成是能"肯定孩子失败"的母亲，B 女士笑着就把这件事应对过去了。

接着再来看看 C 女士。C 女士和孩子来支援中心的时候，看到有个小孩弄翻妈妈的包。那位妈妈笑着说："孩子活泼比什么都重要！"C 女士觉得这位妈妈非常了不起。

这时 C 女士的孩子也不小心弄翻了自己的包，"哎呀，怎么连你也这样呀！"C 女士和刚才的妈妈一样笑着应对了这件事。

最后是 D 女士。D 女士的孩子把自己的包弄翻后，D 女士正准备要发火，这时来了一位很专业的支援中心的医生，非常聪明地批评了孩子。孩子也率直地接受了批评，在向妈妈道歉后开始静静地收拾打翻的包。D 女士看到了作为教育者应有的方式后，心情平静了下来。

"你会让妈妈为难的，以后可要小心点呀！"这就是 D 女士平复心态后的回应。

在这四种情况中，从孩子的角度看，都是弄翻母亲包的这一同样的行为。但是，每个母亲的心理状态不同，既有怒火中烧严格批评的，也有微笑着应对此事的。

所以，<u>愤怒与否是根据人的心理状态而定的。</u>

愤怒的爆发需要三个条件

对于上文中的四种情况，我们来一一进行解读。

当孩子弄翻自己的包时，A 女士把这个问题的原因判断为"孩子静不下来"。A 女士原本就觉得孩子应该是"能静下心来的"，所以当孩子到处乱跑时会感到烦躁和焦虑。当孩子弄翻了自己的包时就像触动了机关一样，让 A

女士不由得发起火来。

B女士把孩子弄翻包的行为判断为"旺盛的探索精神"。B女士当时被人称赞后的心情极好，而且被夸奖为"肯定孩子失败的母亲"，即使孩子弄翻了包也能报以笑容。

C女士也和A女士一样，把孩子弄翻包的原因判断为"孩子静不下来"，但看到把同样一种行为定义为"活泼"的母亲时，自己也获得了共鸣，觉得孩子并非"必须要静下来"才行。这样也可以微笑着应对此事。

D女士同样把孩子弄翻包的原因判断为"孩子静不下来"，而且也认为孩子应该要"静下来"才行。但是当发现发火的效果远不如批评的时候，自然地将怒火冷却了下来，原本要发的火也转变成了耐心的教育。

通过这几个事例，我们想向大家传递的信息是，愤怒的爆发需要以下三个条件：

① 对发生的行为进行判断。

② 与自己理想的状态进行对比。

③ 怒火不会被冷却。

<u>这三个条件只要有其中之一不被触发，愤怒就不会爆发。</u>控制这三个条件就是"控制愤怒的有效方法"。

要发火时最少忍耐 3 秒

一定要采取的方法是，让怒火冷却下来。当大脑边缘体系中的杏仁核感知到压力时，瞬间进入兴奋状态，愤怒的情感就涌现出来了。由于这是人类从危险中保护自身安全的本能，所以反应速度非常快。

另外"不能发火，必须批评"这种冷静思考的声音来源于前额叶皮质的作用，而这部分的反应速度会比较慢，据说时间在 3~6 秒。

所以，<u>当愤怒的情感涌现时，如果立即对其做出反应，就会在体内的"冷却功能"奏效前爆发怒火。如果感到怒火中烧，需要至少忍耐 3 秒，最好能忍耐 6 秒。</u>

深呼吸能解决烦躁情绪

为了能保证忍耐住 3 秒，最切实的方法是尽可能离开事发现场。如果丈夫或太太等有人在孩子身边，那生气的一方可以选择先离开，待大脑的冷却功能生效后再回来。

如果不能离开现场，那么深呼吸是最有效的方法。众所周知，深呼吸有让人放松的效果。比如，可以缓解精神压力，抑制唾液淀粉酶的分泌，弱化交感神经的作用等。

交感神经会在人感到紧张时发生作用，使心跳加速，血压升高。

相反，和交感神经相互抑制，像跷跷板一样关系的是副交感神经，在睡觉的时候或浸泡在浴缸里的时候会发挥作用。深呼吸的时候会使副交感神经更加活跃，达到放松的效果。

父母的烦躁和孩子的叛逆都源于同样的理由

孩子叛逆的时候特别令人头疼。当孩子大喊"讨厌"的时候，无论父母怎么说都无济于事。确实，孩子的叛逆是由于负责控制情感的前额叶皮质还没有发育完善的缘故。前额叶皮质在4岁左右开始生长，而在此之前，孩子萌生自我意识的2岁到4岁之间的这段时期就被称为反抗期。

所以说，孩子的叛逆和家长的烦躁，都是因为前额叶皮质没有正常运转的缘故。

重新审视自己心目中的"理想状态"

另外，当孩子主张"我就是要那么做"的时候，无论父母是否已经同意，孩子都可能会大喊"讨厌"。这时，**触发父母愤怒的三个条件中的第二个，即孩子的状态是远远无法达到父母的理想状态的。**

但是，在平静下来以后，重新审视自己希望孩子成为的"理想状态"是非常重要的。

比如上文中的 C 女士，如果没有从另一位母亲那里获取了"孩子活泼最重要"这种共鸣，很可能也会对孩子弄翻包这件事发很大的火。**请从平时开始就养成思考的习惯：自己希望培养出什么样的孩子，以及为什么要培养出这样的孩子。**

9 父母不可以做的事
——把孩子与别的孩子进行比较会阻碍他的成长

保持好奇心的孩子和无法保持的孩子差距在哪？

把自己的孩子与别人的孩子比较，这件事本身比较常见，家长想去比较的心情也不是不能理解。"别人家的孩子更高""别人家的孩子更爱哭"，还有的家长会在意"别人家的孩子更喜欢汽车"。

但重要的是，**不能带着优劣的态度来比较。**

例如，家长对孩子说："人家的孩子喜欢汽车，所以人家的孩子更优秀，你也得更喜欢汽车！"

作为孩子，被这么说会非常为难："怎么办呢？为什么我不喜欢汽车呢？汽车有什么好的？好好找找，好好找找汽车的好处！"

就这么过了一年，孩子非常努力地发现了许多汽车的好处。此外，还了解了汽车的种类，学习了汽车的运动原理，甚至仅看车的一部分就能知道车的型号。要说这个孩子喜欢汽车没有任何人会怀疑。啊……太好了！可喜可贺。

这样真的好吗？现在这个得到了家长认可的孩子已经对汽车无所不知了。

但是与之相比，原本发自内心地喜欢汽车的孩子，知道有关汽车的事越多，就越想知道得更多。这之中的不同在哪里呢？

父母作为孩子的安全基地，不把孩子和别的孩子比较优劣

美国的心理学家亚伯拉罕·马斯洛把人的需求分为五个层次，它们从最基本的需求开始按顺序出现，一旦某一个层次的需求被满足，就会诞生出下一个层次的需求。

马斯洛把第一到第四层次的需求称为"匮乏性需求",把第五层次的需求称为"自我实现的需求"。事实上,人在没有到达"自我实现需求"阶段时,是不会产生"我想知道更多"的这种想法。

处于**第一层次的需求是,想要进食、睡眠等生理需求**。关乎人的生存。

而**第二层次的需求主要表现为想要受到保护,想要稳定地生活等安全需求**。在"想吃东西"等生理需求无法被满足的时候,仅仅是生存就已经让人竭尽全力了。这样自然就不会涌现出"想去安全的地方居住"的想法。

第三层次的需求为"想要获得朋友"的社交需求。经常有些孩子在认识新的小伙伴或者去新的地方时,躲在父母身后。这是因为孩子在缺乏安全感或者说孩子的安全需求无法被满足的情况下,不会产生想要认识新朋友的想法。当孩子的安全需求没有得到满足时,即便父母想要让孩子去结交新朋友,孩子也会裹足不前。

我们在前文中提到过,当孩子感到不安全时,会在依恋行为的作用下向父母寻求安全感。这时,父母应作为安全基地满足孩子的安全需求。之后,孩子自然会萌生出社交需求。

第四层次的需求为渴望获得认可的尊严需求。是否能够满足尊严需求至关重要,它决定了一个人能否到达最终的"自我实现需求"的层次。

事实上,**带着优劣的意识将自己的孩子与别人家的孩子进行比较,会伤害孩子的尊严。**当与别人家的孩子进行比较时,家长很难不把注意力放在自己孩子"还有什么做不到"上,而不是自己的孩子现在"已经做到了什么"上。结果,孩子明明很努力却得不到父母对于自己以往付出的认可,也就无法让自己的尊严需求得到满足。

自我实现的需求会自发形成

如果没有用评判优劣的眼光来比较孩子,孩子的尊严需求就会更容易得到满足,随即涌现出最高层次的自我实现需求。

此外,马斯洛曾表示,**与前四个层次的匮乏性需求不同,自我实现的需求并非"一旦得到满足就会告一段落",**

<u>而是"越得到满足就会渴望得越多"。</u>

用优劣来比较孩子时,孩子自我实现的需求就不会涌现,所以**请接受孩子"原本的样子"。**就好像当年纪小的孩子因为专心玩耍尿在尿布里时,父母应反向理解为这是孩子注意力集中的表现,相信"用不了多久孩子就不再需要穿尿布了"。同理,即便幼儿时期不能和同伴们友好相处甚至被大家孤立,父母也要坚信孩子会"通过这种经验得到成长"。

当和别人对比时,或许自己的孩子对数字和语言的理解能力稍显迟缓。但如果和孩子自己3个月之前的情况相比就会发现,他已经取得了长足的进步。在小学入学前获得相应的理解能力就无须担心了!请参考本书的第三章和第四章,然后从今天开始着手去做。

第二章 影响大脑发育的生活习惯

睡眠

饮食

电子类设备的使用方式

- ✧ 睡不好的孩子，情感、学习能力都无法得到发展。
- ✧ 在饮食上着重需要留意的三大营养素分别是蛋白质、DHA 和铁。
- ✧ 沉迷游戏机和手机具有类似药物的依赖性，对智力发展和健康有害。

1 睡眠
——能控制午睡、光照时间和洗澡水温度的人也能控制睡眠

孩子的睡眠时间长是有原因的

我们为什么需要睡眠?关于这个问题尽管仍有许多未解之谜,但可以肯定的是,因为有大脑的存在,我们才需要睡眠。基本上,不存在大脑的生物就不需要睡眠。人们通过睡眠对记忆进行整理,清空脑中不需要的废弃物,让大脑重新打起精神。

婴幼儿大脑的活跃程度远超成人,为大脑充电也需要更多的时间。所以孩子会需要大量的睡眠时间。

如果睡眠不足,作为身体的指挥塔以及情感、智力和感性的控制中枢——大脑会在充电作业还没完成时,又不

得不投入到新的工作中。以至于情感无法被控制、突触得不到整理而影响记忆力，作为孩子最强武器的学习能力也会降低。

睡眠不足会增加脑部的垃圾

经常会遇到一些人认为睡眠时间短是件好事，甚至有些人会把睡眠时间短当作夸耀的资本。确实睡眠时看起来什么都做不了，会让人觉得是在浪费时间。

但是最近的科学研究表明，在睡眠过程中，大脑仍然在进行着非常辛苦的工作。特别是对于处在幼儿时期的孩子来说，睡眠是极其重要的。

人在睡眠时，两种形式的睡眠会交替出现。一种是快速眼动睡眠，也就是所谓的"身体的睡眠"。处于这种睡眠时，人只有眼睛会不停地转，但身体却一动不动，连翻身都没有。为了让多余的信息不进入大脑，大脑和身体形成互相隔离的状态，借此整理白天收集到的信息。事实上，处于快速眼动睡眠时，大脑会比醒着的时候更加活跃地工作。

另一种是非快速眼动睡眠,即"脑的睡眠"。这时脑波也会形成好像在静静地大口呼吸一样的状态。此时,大脑正进行着大清理工作。

原本大脑就是非常活跃的人体器官。其重量虽然大约只有全身重量的2%,但消耗的能量却占到全身能量的25%。当然,大脑也会产生出大量的废弃物。这就像运动后会流汗排出污垢一样。

美国罗切斯特大学的麦肯·奈内德加德博士等人,通过对小白鼠的实验发现了在大脑中对于废弃物的清理活动。在非快速眼动睡眠中,大脑中间的空隙竟然会扩大到60%左右。一种被称作脑髓液的透明液体会渗透到每一个空隙中,迅速地冲洗掉废弃物。如此,让人的心情焕然一新,下一步就开始整理记忆了。

睡眠不足对记忆力和身体成长都有害

记忆是在睡眠过程中在大脑里扎根的。在睡眠中不需要保存的记忆就会被清除。这个行为就缘于快速眼动睡眠与非快速眼动睡眠的交替。

在人的大脑中，被称作突触的部分因为相互连接而产生记忆。这种连接所形成的网洞大小与形状，决定了人能够记住多少事物。

美国威斯康星大学的路易莎·德·维沃博士等人也用老鼠进行了实验，发现在睡眠时，网洞会平均缩小18%。并且越是非重要记忆的突触就越会被缩小。也就是说，在睡眠过程中，大脑会清除不重要的信息，为承载新的信息做好准备。

人在醒着的时候经历的各种活动，都会让突触之间进行相互连接。但在这过程之中，有非常多突触连接着极其笨拙的记忆、完全不需要被保存的记忆，或者是还不如忘了更好的记忆。

所以，人在睡眠过程中需要去删除不必要的记忆，矫正笨拙的连接方式，让需要重点记忆的突触连接变得更牢固。

此外，已得知幼儿时期的快速眼动睡眠（大脑活跃工作时的睡眠）的时间非常长。非快速眼动睡眠根据睡眠深度会分为四个等级。幼儿时期最深等级的非快速眼动睡眠时间同样非常长。

换句话说，幼儿时期的睡眠由很长的快速眼动睡眠和深度的非快速眼动睡眠所组成。或许我们也能感受到此阶段大脑正准备全力并高效地进行充电的热情吧。

睡眠时，大脑还有一项很重要的工作。那就是，**从头部正中央的脑下垂体中会分泌出生长激素。生长激素对于从 1 岁开始到青春期阶段的骨骼和肌肉生长都有极其重要的作用。**

比如，人身体长高的原因就在于骨末端的软骨细胞增加，促使骨骼变硬变长，而软骨细胞的增加就有赖于生长激素的分泌。

此外，**将储蓄好的糖释放到血液中，让身体准备好转化能量也是生长激素的作用。如此重要的生长激素，在一天之中分泌量最多的时间段就是睡着的前 3 个小时。**

虽然看起来人在睡眠时一动不动，但其实睡眠时大脑一直在全力地进行着运作。由此可知，想要培育聪明的孩子，睡眠是何其重要！

仅仅只是睡觉也能提高运动能力和想象力

前文中我们提到，在睡眠时大脑会强化我们的记忆。此外还有很多研究表明，睡眠可以提高人的运动能力。

在介绍研究内容之前，我们通过投掷球体为例来说明一下人的运动能力。为了准确地将球体掷出，眼睛需要找到目标地点，大脑判断该处为正确地点后会发出"向此处投掷"的命令，随后手和身体会为了向目标地点投掷而做出正确的动作。也就是说，普遍所指的运动能力，就是身体按照大脑（理解看见的信息而发出）的命令做出动作的能力。

那么接下来，我们介绍一下广岛大学的研究内容。

广岛大学的研究者们的课题为"通过一笔描绘出图形来检测运动能力"。实验并非让人简单地照着描绘，而是把眼睛看到的图形旋转90°后再描绘出来。所以这种方式需要的正是"让大脑理解看见的信息后发出命令，然后身体按照命令做出动作的能力"。

实验分为两组：A组先进行一段时间的练习，在短时间内可以描绘出图形后，让A组进行充足的睡眠，睡醒后再次测试。B 组也同样进行练习，但是一直保持醒着的状态，间隔一段时间后再次测试。结果，经过了睡眠的 A 组描绘的时间缩短了 25%。练习后仅仅是睡了一觉就变得更擅长了。大家是否也有过睡了一觉醒来就变得更擅长某事的经验呢？

另外，睡眠还可以提高想象力。德国吕贝克大学的乌尔里希·瓦格纳博士和吉恩·博恩教授等人，通过数学题测试过想象力。这道题有两种解题法。其中一种是任何人都能想得到但是非常花时间的方法，另一种是不太容易想得到但是会极大节省时间的"特别方法"。

先请一部分人在早上进行第一次挑战（任何人都没有想到"特别方法"），然后让测试对象保持醒着的状态持续到晚上，再进行第二次挑战。在第二次挑战时有 20% 的人想到了"特别方法"。另一部分人则在晚上进行第一次挑战（果然还是没人想到"特别方法"），然而在经过一晚的充足睡眠后，在第二天早上进行的第二次挑战中有 60% 的人想到了"特别方法"。

理想的睡眠时段是晚上 19:00 至次日早上 7:00 的 10 个小时以上的时间

到此为止，我们知道了为了培育聪明孩子，睡眠有多么重要。下面，我们就来看看为了保证理想的睡眠应该注意哪些事项。

首先是睡眠时间。根据美国国家睡眠基金会关于睡眠的论文所计算出的推荐睡眠时长如下：

- 1～2 岁：11～14 个小时。
- 3～5 岁：10～13 个小时。

和自家孩子的睡眠时间相比，结果如何呢？

另外，熊本大学的三池辉久教授曾表示，"<u>确保孩子享受从晚上 7:00 到第二天早上 7:00 间的 10 个小时以上的睡眠是非常重要的</u>"。

打个比方，如果把晚上睡觉比作主食，午睡就像是零食。"虽然晚上只睡了 8 个小时，但从幼儿园回来后白天又睡了 2 个小时"。这就如同零食吃了太多导致晚饭吃不下了一样。

日本幼儿的睡眠时间出奇得短，在世界范围内都很有名。为了培育出聪明的孩子，睡眠时间一定要保证。由于受到父母工作时间、兄弟姐妹的活动时间、父母就寝时间等因素的影响，孩子睡眠时间容易呈现过短的情况。让我们有意识地优先考虑孩子的睡眠时间，以此来安排生活，努力保证孩子晚上的睡眠时间超过 10 个小时。

无端持续的午睡，很可能会对大脑不好

美国国家睡眠基金会曾提出，在 2 岁的孩子之中会睡午觉的孩子达到 81%，在 3 岁的孩子中这个数值为 57%，4 岁为 26%，5 岁为 15%。熊本大学的三池辉久教授也曾说，"到 4 岁，最迟到 5 岁后，取消午睡比较好"。

的确，日本的幼儿园已经普遍取消了午睡，但是很多保育园仍安排大约一个半小时的午睡时间。即便是体力充沛、完全不需要午睡的孩子也一律被要求午睡。结果导致孩子晚上入睡困难，睡眠时间变短，这就变得本末倒置了。

江户川大学的福田一彦教授曾说，保育园儿童平日的就寝时间，比幼儿园的儿童平均晚 30 分钟，并且与幼儿园儿童相比，保育园儿童早上起来心情不好的情况也更多。

所以，福田教授主张"既然对孩子的成长和生活都造成了负面影响，那就应该考虑取消午睡"。如果孩子去的保育园要求午睡，但是孩子明明白天活动量很大，到了晚上依然睡不好，那就可以考虑和保育园商量能否取消孩子的午睡。

有助于睡眠的光和有碍于睡眠的光

无论多早爬上床，如果不能很快入睡就无法保证充足的睡眠时间。最理想的状态就是一进入被窝就立刻能睡着。那么，如何才能达到理想的入睡状态呢？

地球上的所有生物都带有体内时钟。人的体内时钟大约是 25 小时。也就是说放着不管的话，人的生活节奏会往后顺延 1 小时（夜里也会无故地醒过来）。但是早上通过阳光照射会使生活节奏加快一小时，正好和地球自转的节奏相同。这正是生命中的神奇之处。

早上眼睛感受到阳光，会在大约 14 个小时后，也就是正好又到了该入睡的时间段，体内会合成并分泌被称为睡眠荷尔蒙的"褪黑素"。与此同时，身体会从手脚等处放出热量，体温逐渐开始下降。接着体温的降低就会诱发困意。所以当困意到达极限时，孩子的手会变得很暖和就是这个原因。

在晚上睡觉时，褪黑素会得到大量分泌。由于帮助合成褪黑素的物质（酵素）只有在暗处才会工作，早上一旦阳光照射到眼中就会终止褪黑素的分泌，人就会睡醒过来。所以，早上的阳光，有助于早上醒来和晚上入睡。

另外，正因为帮助合成褪黑素的物质（酵素）只有在暗处才会工作，所以睡觉前如果房间过于明亮就不容易分泌褪黑素。哈佛大学的杰米·泽特勒博士等人从实验中发现，明亮的房间中褪黑素的分泌量会减少。这使得进行实验的工作人员也大为吃惊。在 80 勒克斯光照以下的房间中，人体内褪黑素就会正常分泌。而 80 勒克斯的光照正是"虽然感觉有些暗"，但还是能进行日常生活的亮度。**为了打造理想的入睡环境，请在睡前 1 小时内将房间的亮度设定成"有些暗"的状态。**

当然，睡前手机屏幕的亮度也会影响褪黑素的分泌。哈佛大学的安妮－玛丽·张博士的研究显示，大学生睡前使用 iPad 读书会比读纸质书时的褪黑素分泌量少，变得入睡困难，而且快速眼动睡眠的时间也会减少。如果是儿童，那情况就更严重了。**睡前绝对不要让孩子玩手机。**

洗澡水的温度如果在 40℃以下，更容易舒适地入眠

还要关注洗澡水的温度。以往既有人说"想要去除困意就泡个澡"，也有人说"泡个澡放松后睡得更舒服"。听起来是完全相反的话，但实际上两种说法都是对的。

当洗澡水的温度达到 42℃以上时，交感神经会积极地发挥作用，进入所谓的清醒状态。相反，40℃以下的冷水会让副交感神经处于优势，身心得到放松。并且因为适度地温暖了身体，从浴室出来后体温会逐渐下降。前文中我们提到，孩子的手变得暖和，体内的热量散发到体外带来困意。**用 40℃以下的水洗完澡后，由于体温逐渐下降会引发困意**也是这个道理。

为了帮助孩子用最理想的方式入睡，让我们把洗澡水温度的上限定在 40℃。

一直调整不好睡眠节奏,怎么办?

尝试了各种方法,依然调整不好孩子的睡眠节奏时,推荐到小儿睡眠门诊去就诊。可能会有人觉得:"这种事竟然需要去医院!?"如果由于睡眠质量差及节奏紊乱导致孩子长期处于"睡眠不足"的状态,大脑的运作可能会受到影响。因为睡眠的作用就是保护大脑正常运转。熊本大学的三池辉久教授也曾说过,不规则的睡眠容易引起孩子不去学校的行为。

现今,孩子的睡眠障碍绝对不是少见现象,日本全国各地的医院都设有小儿睡眠门诊。请家长一定重视孩子的睡眠问题。

孩子大约有一半的时间都是在睡觉中度过的。到孩子(6岁)上小学前,大约有3年时间是睡着觉过来的。这3年间的度过方式,将在多大程度上影响孩子的聪明才智,家长是否有所了解呢?

与其说"优质睡眠能促进成长",不如说"睡不好的孩子,情感、学习能力都无法得到发展"。为了培育聪明的孩子,请教给孩子最好的睡眠方法。

2 饮食
——不仅是身体，心灵也需要进食

培育聪明孩子所需的三大营养素

人的情感控制、注意力、身体的生长等，都是由作为指挥塔的大脑中所分泌的荷尔蒙决定的。人的记忆则是由于大脑中的神经递质在相互连接的突触间传导信息而形成的。荷尔蒙和神经递质的产生都来源于食物。另外，人的体力就是体内的糖转化成能量的能力。

换句话说，身体、心理、精神，孩子的一切都是基于食物形成的。孩子的体格、性格、智慧都是名副其实地缘于父母所提供的饮食。比如说，如果孩子经常昏昏欲睡、注意力无法集中、早上总是起不来，那就有可能是因为营养不均衡导致身体发出了 SOS 信号。

大脑急速成长的幼儿尤其需要的营养有蛋白质、热量、铁、锌、铜、碘……等很多的元素。

有很多营养物质在日本的日常饮食中就能摄取到，但按照厚生劳动省的推荐标准来看，1~6 岁儿童也有平均摄取量（根据日本国民调查的结果）不足的营养物质。

<u>为了培育聪明的孩子，着重需要留意的三大营养素分别是蛋白质、DHA 和铁。</u>

蛋白质不仅造就身体，也造就心灵

人们印象中，蛋白质就是合成肌肉的营养物质，但是并非仅仅如此。在人的成长过程中不可或缺的<u>生长激素就是蛋白质。在合成像多巴胺和血清素等控制人情感的物质时也需要蛋白质。所以说，蛋白质对于孩子的身体和心灵都非常重要。培育聪明的孩子时，优质的蛋白质是必不可少的。</u>

蛋白质是由数百个或者数万个被称为氨基酸的物质互相连接而成的。人在摄入蛋白质之后，会将其 度分解成氨基酸，然后根据体内各部分的需要来连接氨基酸，重新生成蛋白质。

人体中有数种氨基酸可以通过和其他材料（例如淀粉）相结合在体内生成。但有 10 种氨基酸无论如何都无法在体内生成，只能通过食物来获取，这些被称为必需氨基酸。纳豆或豆腐等大豆类食物中，含有必需氨基酸。这种氨基酸可有效降低生活习惯方面的疾病患病风险。虽然毛豆和豆制品比不上大豆的这类氨基酸含量，但是毛豆和由大豆所制成的豆奶依旧含有丰富的优质蛋白质。

注意，年纪小的孩子的肠道还不成熟，氨基酸还没有被分解到各个部位就有可能被肠道吸收，更容易引起过敏反应。开始摄入蛋白质时不会立即呈现出身体上的变化，所以需要十分注意。

大脑必要材料 DHA，能够促进血液循环

"吃鱼可以变聪明"这句广告词曾让 DHA（二十二碳六烯酸）一时间备受瞩目。在大脑的神经细胞中，信息通过电流传播。为了防止这些电流漏电，周围包裹着起到绝

缘作用的脂肪。所以大脑虽然白白胖胖的，其脂肪中含有大量的DHA，由于摄取了DHA所以会变聪明。

但是，"即使摄取了DHA，智商也不会上升"，此类论文层出不穷。到底DHA能不能让人变聪明还没有定论。不过，可以肯定的是，DHA是大脑的组成部分，并且在幼儿时期急速成长。

此外，DHA还有促进血液流通、软化细胞的作用。日本厚生劳动省提出，3～5岁儿童的DHA等n-3系脂肪酸的标准摄取量应为男孩1.3g，女孩1.1g。与此同时，平成28年（2016年）1～6岁的儿童DHA平均摄取量为1.23g，非常接近标准值。即便一条鱼都不吃，小鱼苗、杂鱼、樱花虾中也含有足够的DHA，而且钙质也非常丰富。平时要多在孩子的碗中放些小鱼苗、杂鱼、樱花虾。

前文提到过的2016年1～6岁的儿童营养素平均摄取量之中，广泛摄取不足的铁含量只占推荐摄取量的80%。

以宾夕法尼亚州大学的约翰·比尔德博士为首的诸多研究者都曾表示，铁对于大脑的发展及正常运作都非常重要。铁在搬运血液中的酵素方面起了很大作用。如果铁不足，人就容易疲惫，头痛。菠菜作为富含铁成分的蔬菜非常出名，我们这里要推荐的是青海苔。一小匙的青海苔，就含有半把菠菜中的铁含量。这一小匙，只比 3～5 岁儿童每天摄取铁的推荐量的 1/3 略少一点。

如此，为了让孩子摄取必要的营养，不用费尽心思地每天琢磨做什么菜，在米饭上撒上小鱼苗，配上撒了青海苔的豆腐就足够了，如果再搭配上喜欢的汤，就是一顿营养美餐了。

3 电子类设备的使用方式
—— 沉迷游戏机和手机具有类似药物的依赖性，对智力发展及健康有害

沉迷玩游戏和手机，无法培育出自主学习的孩子

在日本内阁府 2017 年 5 月发表的《低年龄段儿童的网络使用环境状况调查》中显示，在一天内使用 2 个小时以上能连接网络设备（智能手机、游戏机等）的儿童中，2 岁的孩子占 13.1%，5 岁的孩子占 19.9%。并且，这些儿童中独自一人操作这些设备的，2 岁的孩子占 54.3%，5 岁的孩子占 86.7%！这应该就是当孩子没有任何玩具可玩的时候，父母把手机交给了孩子的缘故吧。

其实，越是在没有任何玩具的时候还能够快乐地玩耍

<u>的孩子，越容易获得幸福的一生。</u>但是这种能力只能在孩子 4 岁以前培养。

相反，把手机和游戏机交给孩子之后，就不能培育出"放着不管也能自主学习的孩子"了。读过下面的文章，大家就知道原因何在了。

年幼时能否控制自己的诉求，决定了未来的学习能力和健康水平

请问你听说过棉花糖测试吗？那是美国的心理学家沃尔特·米歇尔在斯坦福大学的幼儿园中实施的著名实验。

这个实验首先让一个孩子坐在一间只有桌子和椅子的房间内，在他眼前的盘子中放置一颗棉花糖。然后告诉孩子"我离开房间的 15 分钟内不要吃棉花糖，要是可以忍住的话，再给你一颗棉花糖，要是没有忍住的话就不给了"。以此来测试孩子能忍耐多久。

针对 4 岁的孩子做这个实验时，忍住 15 分钟不吃棉花糖的只占全体的 1/3。实验人员在这个实验之后进行了追踪调查。那些忍住的孩子，在满分 2400 分的大学考

试中分数比只坚持了 30 秒的孩子平均多 210 分。进入青年期后，这些人把事情贯彻到底的能力更强，肥胖度也更低。

4 岁时是否没有忍住吃下"那颗棉花糖"，在将来的学习能力、事业表现、健康水平等各方面，都会引发巨大的差异。多么可怕的棉花糖实验啊！

通过棉花糖实验的孩子和没有通过的孩子，差别在于大脑中活跃的部位。棉花糖测试开始时，每个孩子都想着"要忍耐住"。但是有些孩子还是被眼前的棉花糖诱惑着改变了主意。这是因为被称为"大脑边缘系统"的情感指挥塔发挥了作用。

"还是很想吃啊，好吧，还是吃吧。"

在能忍住不吃的孩子大脑中，"前头前野"这个在 4 岁以后逐渐成长的部分，作为人的理性的指挥塔发挥了作用。

"再稍等一下，如果忍得住的话就能得到 2 颗棉花糖。"

此前我们在愤怒管理的部分说明过，大脑边缘系统的反应非常快。所有人的大脑边缘系统一开始都会马上发生作用。但这时，如何把想吃的情感转变成"还是忍忍吧"的情感能力将是关键。

在没有任何东西的房间，试着通过自己脑中的情景来游戏

让注意力从棉花糖上面转移开，需要的是前文中我们所提到的，<u>在没有任何可玩的东西时还能自己创造乐趣的能力</u>。

在棉花糖测试中，为了忘掉眼前的棉花糖，自己创造乐趣来分散注意力的能力是非常重要的。

但是，在没有任何可玩的东西时，如果总是依赖游戏机或手机，那就不能培养出自己创造乐趣的能力。

总结一下上文的内容，能够通过棉花糖测试的孩子，在学习能力和健康管理方面都会表现得更好。为了成为这样的孩子，需要培养在没有任何东西可玩儿的时候也能自己发现乐趣的能力。这种能力在孩子依赖游戏机或手机时无法得到培育。

一个9岁的男孩，对于自己是如何轻松通过棉花糖测

试时的描述令人印象深刻："我在脑海中，藏着至少 1000 个像放在自己房间里一样的玩具。我通过想象把他们都拿出来玩儿。"

也就是说，**通过棉花糖测试的能力，就是在头脑中想象不可见事物的能力，以及把想象的事物在脑海中自由操控的能力。这样，孩子在没有玩具时，自己就能创造乐趣了。**

在移动的电车中，或者汽车中，在没有任何可玩的东西的环境中，孩子和大人都不要去依赖手机和游戏机，一起设法去创造些乐趣吧。走过的街道、擦肩而过的人、身上的某种东西、妈妈自创的故事……这些都会是很好的素材。

相反，只要一上车就说："妈妈，游戏机！""好吧，给你。"在这种情况下培育出的孩子，未来也很难如期望般发展。

游戏机会损害孩子的大脑

游戏机有损害孩子大脑的可能性。虽然这让人非常震惊，但却是真的。

1998年，世界最权威的科学杂志《Nature》中记载了这样一篇论文：实验团队对于8位成年男性在玩50分钟游戏后，脑内的变化进行研究。被试脑内的被称为"纹状体"的部分释放出大量多巴胺，剂量竟然与静脉注射精神药物的剂量相同。顺便说一下，人对精神药物有依赖性的原因就在于，这个纹状体会通过释放多巴胺来获得兴奋和快感。

很多人或许多少察觉到了，玩电子游戏过多会产生依赖症，这已经被科学证实了。在电子游戏依赖症和大脑关联的研究中发现，在酒精依赖症、药物依赖症患者中常见的大脑变化，在电子游戏依赖症患者中也被确认。并且，患电子游戏依赖症的人，脑内与注意和忍耐相关的网络会变弱。因为通过打游戏追求快感的脑网络会加强，想打游戏的想法难以控制，结果他们变得更加依赖电子游戏。

人在考试合格的时候，工作进展顺利的时候，在运动比赛中获胜的时候，纹状体都会释放多巴胺来获得快感。游泳选手北岛康介在获得奥运金牌时说"心情超级好"，就是这个意思。这种快感会让人变得更愿意努力。

但是游戏机和酒精或精神药物一样，在尝试后人体不用太努力也能释放大量多巴胺，所以容易上瘾。并且，如果脑内多巴胺持续大量释放，身体会通过减少多巴胺受体（接收多巴胺的容器）的量来使多巴胺的作用减弱。研究已经证实，<u>在患电子游戏依赖症的人的大脑中，多巴胺受体的量会减少。</u>

2018年，世界卫生组织WHO在作为世界疾病统一标准的国际疾病分类中，加入了游戏成瘾这一项。可见问题已经如此严重了。

和不能使用精神药物一样，幼儿期也不能长时间打游戏

即便这么说，也有人会觉得，孩子迷上电子游戏就说是依赖症，未免太夸张了。肯定买游戏机的父母也认为，"只要一开始规定好每次只玩1小时就没问题"。但是，正如上文中所示，每5名5岁儿童中就有1人每天玩2个小时以上手机等连接网络的设备。睡眠时间10小时，吃饭

和洗澡 2 小时，在幼儿园的时间 6 小时。按这种算法，剩下 6 个小时中 1/8 的时间是在打游戏中度过的。

对于自制能力处于发展过程中的孩子来说，"固定好打游戏的时间"，就和"精神药物依赖者想要适度摄取精神药物"一样难。一旦把游戏拿走，孩子肯定就会哭个不停。而且，从小就开始长时间打游戏，形成电子游戏依赖症的可能性非常高。在幼儿时期让孩子长时间打游戏是非常危险的行为。

通常情况下，绝对不会有父母对孩子说"我给你买精神药物了"，但是，"我给你买游戏机了"，这种情景在圣诞节或孩子生日时屡见不鲜。结果，**孩子沉迷于电子游戏，生活被打乱，陷入不爱学习的负面循环当中。因此，为了培育聪明的孩子，尽量不要在年幼时期给他买游戏机。**

第三章

游戏,孩子大脑最喜欢的学习方式

玩游戏能锻炼的三种能力
想象游戏和接收游戏
机能游戏和创造游戏

- 想象游戏（假装类游戏、扮演类游戏）+ 接收游戏（给孩子读书等）= 抽象思考能力。

- 机能游戏（跑、跳）+ 创造游戏（画画、搭积木等）= 空间认知能力。

- 抽象思考能力 + 空间认知能力 = 创造乐趣的能力。

ID # 1 玩游戏能锻炼的三种能力
——过家家和扮演英雄是让孩子变聪明的高级游戏

轻视游戏的人,会在教育孩子方面摔跟头

社会上"游戏很重要"的声音越来越多。但很多人其实心里想的是"这其实就是嘴上说说吧""要想教育出聪明的孩子,比起光让孩子玩游戏更要关注学习"。

但是<u>如果游戏的经验太少,成为聪明孩子的三项重要能力就培养不出来了。</u>

提升学习能力的四类游戏

德国心理学家卡尔·布勒教授从提升学习能力的角

度,将孩子的游戏分为四类。

1. 想象游戏:对想象本身就感到快乐的游戏。例如各类扮演活动等。
2. 接收游戏:享受听到及看到的事物的游戏。例如给孩子读书等。
3. 机能游戏:运用身体的游戏。例如跑步、跳高等基本的运动,或跳房子、骑自行车等。
4. 创造游戏:把想象转化为成形的游戏。例如画画、堆积木、玩沙子等。

那么,下面就让我们看看如何通过游戏来培育聪明孩子普遍具备的三项重要能力。

聪明孩子具备的三项能力之一——抽象思考能力

美国的心理学家刘易斯·特曼曾说,"人的智能和人的抽象思考能力成正比"。

这里所说的"抽象"即指"非具体"。换句话说,<u>抽象思考能力就是去想象不存在于眼前的、非具体事物的</u>

<u>能力</u>。

例如，在实验者眼前摆放 5 块糖，藏起其中的 2 块，然后问道："还剩下几块？"这种问题就是"具体"的。但是如果问："现在想象吃掉 2 块，还剩几块？"这就会让人立刻联想到眼前罗列的 5 块糖被吃掉 2 块后的情况。这就变成了"抽象"的问题。

数字和文字也是抽象的符号，而有助于孕育出掌握这种符号的抽象思考能力的，就是从 1 岁开始的假装类游戏（假装睡觉、假装吃东西等），以及从 2 岁开始的扮演类游戏（过家家、扮演英雄人物等），诸如此类眼睛看不到的想象游戏。

以苏联心理学家维果斯基为代表的维果斯基学派曾表示，扮演类游戏是幼儿时期所有游戏的重要组成部分。孩子原本不擅长去想象看不见的东西，但是让孩子一点一点地试着去想象，并且把这种想象力运用到游戏当中，对孩子来说是非常有意义的，也是充满乐趣的。这种乐趣，会让孩子把对抽象思考的兴趣转换成对学习的兴趣。

通过玩"给孩子读书"这种接收游戏，能够让孩子把

周围人的经验转化成自己的经验。这种行为是比想象游戏更高阶段的游戏。并且,孩子通过他人的语言来想象具体情景的这种经验,会成为今后各种学习的基础。由此,我们可以说,想象游戏(假装类游戏、扮演类游戏)+ 接收游戏(给孩子读书等)= 抽象思考能力。

聪明孩子具备的三项能力之二——空间认知能力

即便能够对看不见的事物进行想象,但如果不能在大脑中自如地操纵也是不行的。这就是聪明孩子的第二项能力,空间认知能力。

空间认知能力有很多种类。例如,为了击中飞来的网球去挥舞球拍,大脑需要对球的位置进行正确判断,这就是一种空间认知能力。球的距离、速度、高度等,都需要"眼睛看到的对空间的印象在大脑中进行处理的能力"。

又比如,眼前有一个面向自己坐着的人偶,然后孩子能够想象到"只要是面朝自己坐着的人,都能看到人偶的后背"。这就是基于眼睛可见的事物,在大脑中对眼睛不可见的空间印象进行处理。这也是一种空间认知能力。

空间认知能力高的人，能够从各个角度多方面地对想象中的印象进行捕捉，从而能够有逻辑性地对事物进行思考。如果没有这种能力，就会出现"一思考大脑就乱套""太复杂的对话根本跟不上"的问题。

想要培育空间认知能力，首先要锻炼出把自己经历过的体验在脑海中正确再现的能力，这就是机能游戏的用武之地。也就是说，去看飞速飞来的球，或者是自己快速奔跑时周围事物的样子，这种经验对于提高孩子空间印象中的精确度必不可少。

此外，孩子不擅长掌握眼睛看不到的事物的印象，所以**必须首先锻炼如何把无形的印象转化成有形的能力。这种能力会在画画、堆积木等创造游戏的过程中得到发展。**

如此，孩子可以在无形的印象转换成有形的基础上，在游戏中通过接触有形的事物来积累经验。通过这种经验，孩子就可以在脑中自由自在地操纵该印象。由此，可以说，机能游戏（跑、跳）+ 创造游戏（画画、搭积木等）= 空间认知能力。

聪明孩子具备的三项能力之三——创造乐趣的能力

聪明孩子具备的第三项能力，就是自己创造出乐趣的能力。事实上，<u>这种能力往往会伴随着成长而逐渐消失。</u>

就好比 0 岁或 1 岁的婴儿，即使是对于非常小的事也会特别热衷。转饮料瓶子上的盖子，往瓶子里面放石子，撕瓶子上的包装纸，从一个小小的饮料瓶子上都能发现各种乐趣。

但是知道了世上更多的乐趣之后，他们对于饮料瓶子的热衷就消失不见了。缺少了"想玩的东西"后，就会产生"无聊""想打游戏"的想法。

<u>很多改变世界的伟人们，都能从别人看上去觉得无聊的事物中创造出乐趣和价值。</u>热衷地图的人用导航改变了世界，热衷电话的人用智能手机改变了世界，热衷于电脑的人用互联网改变了世界……

<u>能发现乐趣的领域，就是人发挥自己才能的领域。并且，看透事物本质的抽象思考能力与在脑中不断思索的空间认知能力越强，越能够创造出别人察觉不到的乐趣。</u>

综上所述，通过游戏来培育聪明孩子的公式为：

想象游戏（假装类游戏、扮演类游戏）+ 接收游戏（给孩子读书等）= 抽象思考能力。

机能游戏（跑、跳）+ 创造游戏（画画、搭积木等）= 空间认知能力。

抽象思考能力 + 空间认知能力 = 创造乐趣的能力。

那么，下面我们就来逐一看看公式中出现的各种游戏。

2 想象游戏和接收游戏
——让孩子爱上书的读书法和让孩子远离书的读书法

日语的平假名中"あ"是表示"ア"的发音的记号。"2"这个数字是表示"○○"的记号。小孩子无法把记号和具体的印象相对应,而想象游戏可以锻炼孩子这种能力。

下面就让我们透过缔造了现代发展心理学基础的让・皮亚杰,以及墨尔本大学的玛格丽特・布朗博士等人的研究,来看看孩子如何通过想象游戏掌握文字和数字等抽象"记号"的过程。

其一,通过物体的一部分就能知道全体。出生后半年左右,孩子只要从玩具盒子里看到一只脚,就能知道里面装着自己最喜欢的玩偶。这就是掌握"记号"能力的开始。

其二，可以想象看不见的东西。从 1 岁开始，孩子会用空盘子和勺子假装吃饭。从 2 岁开始，他们会向父母或者向人偶喂饭。这时，即便什么也没有，孩子也会假装成正在吃饭的样子。

其三，从 2 岁开始，孩子会把手放在头顶上模仿兔子耳朵，学兔子那样一蹦一跳。这就是孩子把兔子看作"长耳朵"和"一蹦一跳"的记号的结果。此外，孩子把木棍当作刀剑扮演英雄，把泥水假装成汤来模仿做饭……这些举动就是"刀剑＝细长的东西＝木棍""汤＝黏稠的液体＝泥水"的记号化行为。并且刚 2 岁的孩子真的会让父母喝泥水做的汤，但是 3 岁的孩子就会连忙制止父母。因为这时孩子就能明确地分清实物和记号的区别了。到了 4、5 岁以后，孩子就会互相配合一起做游戏的同伴了。

能从想象游戏中得到孕育的，是对文字的理解能力，以及把文字转换到具体实物的印象读解能力。

在想象游戏中，如果共情的经验太少，就会成长为<u>**读到感人的文章时也无动于衷，读了用比喻手法描写的文章也无法展开想象的孩子**</u>。

当然，想象游戏所带来的成长（抽象思考能力的成长）会根据孩子情况的不同而有很大差别。为了培育抽象思考能力，父母应该怎么做呢？

如果不和孩子一起玩想象游戏，孩子的想象力可能就不会快速发展

苏联心理学家维果斯基把想象的等级分成四个阶段。简单地说，第一阶段就是"对自己已经知道的东西进行编辑，制作出新的东西"。想象游戏可以帮助达成这一阶段的目标。

但是，可以断言的是，幼儿的经验很少，想象力也比大人差得多。**虽然我们经常听到"孩子的想象力惊人"这种观点，其实孩子的想象力并不像家长们想的那么好。那是因为，想象力的提升需要大量的经验作为基础。**

例如，给没有进行过假装游戏的孩子玩具蔬菜，然后会怎么样呢？很有可能孩子摆弄了几下之后就置之不理了。但是这时如果父母能假装成这个蔬菜很好吃的样子，孩子也想试着吃吃看。当你不断重复假装给玩具人偶喂饭

时，过不了多久就会发现孩子也开始学着家长的样子给玩具人偶吃各种蔬菜了。

孩子的想象游戏是从模仿父母或者年长的人的行为开始的。另外，和孩子一起玩的时间越长，孩子进行想象游戏的时间越长。

<u>和孩子一起尽情游戏时，父母通过自己的行为来丰富孩子的想法，也是非常重要的。</u>

选择更自然的玩具

比起和真的蔬菜一模一样的玩具，或是精度极高的英雄战队玩具，<u>选择纸团、水瓶、黏土这些玩具能够使可玩性大大增加，而且也更易于拓展游戏，甚至还能发展成创造性游戏</u>。

在室内和孩子玩得筋疲力尽的时候，请一定要带孩子到外面去玩游戏。石头、沙子、木棍、水、树叶等都是上佳的玩具。<u>大自然就是想象游戏的素材宝库。</u>运用这些东西来过家家，或是尽情地活动身体，模仿打仗，都可以培养想象力。在大自然中充分进行想象游戏，可以激发孩子的探索精神。

假装游戏，对于孩子的学习也有很大的促进效果。一个3岁的女孩坐在自己最喜欢的玩偶旁边学习。在学平假名时，因为还要教给玩偶一遍，所以马上就记住了。

同样，另一位3岁的男孩，因为在家里和奥特曼人偶一起学习，注意力大大提高。这也是想象游戏的效果之一。

接收游戏——给孩子读书，能带来很多的经验

前文提到过的维果斯基所提出的想象的四个阶段，其中第二阶段为"理解故事并进行想象，然后把它消化成自己的经验"。

给孩子读绘本时，就会激发这种想象力。

在来自御茶之水女子大学的齐藤有博士的报告中，让我们来看看一位母亲是如何通过读书让3岁8个月的孩子喜欢上绘本的。下面是母亲与孩子围绕《狐狸的客人》一书中最后的情节展开的对话。

母亲（看看孩子）：狐狸先生，死了。

孩子望着母亲流露出悲伤的神情。

母亲：为了保护大家……满怀勇气地战斗。

孩子把书翻到 3 页之前，又看了一遍。

母亲：为什么，狐狸先生这么遍体鳞伤地死去了！

孩子和母亲一起翻书。

母亲在此过程中能够体会到孩子惊讶和悲伤的情绪并与之取得共鸣。在孩子接收和理解这本书之前，给孩子充足的时间进行思考。

下面，我们再来看看导致这个 5 岁 7 个月大的孩子不再积极参与读书的对话。

母亲：这本书叫《狐狸的客人》（手指着文字，笑着望向孩子）。

孩子望着母亲笑。

母亲（看看孩子）：懂了吗？狐狸先生一开始想要怎么做来着？

孩子（看着母亲小声地说）：想吃。

母亲（看看孩子）：是想吃吗？但他不是战斗到死了吗？你看！

孩子（看着母亲小声地问）：他为什么战斗？

母亲：狼是不是比狐狸大多了？

孩子（看着书上的图）：嗯。

母亲：所以狼更强。你看，牙这么长，爪子也是。

孩子（手指着狐狸的爪子）：但是，狐狸也有爪子。

母亲（手指着狼的爪子）：但是你看，这个爪子多厉害呀。

孩子不说话了。

确实能够体会到紧张感吧？这位母亲在与孩子读完绘本以后，将测试孩子理解程度的问题抛给了孩子。孩子的疑问受到母亲强势主张的影响，连"但是，狐狸也有爪子"这种小小的反驳都不被接受，所以孩子就不说话了。

在第二位母亲的例子中，孩子随着年龄的增长，对绘本的兴趣可能就会逐渐消失。在为孩子读书时，测试孩子理解程度的提问方式是不可取的。并且，勉强孩子去读文字也是不符合孩子的学习方式，是不值得推荐的。

调动出孩子的情感

通过接触绘本，孩子能体验到绘本中的故事。例如，当孩子在公园里滑滑梯的时候，突然被问道"真快，快想想为什么会这么快呢"，玩儿的兴致就会大减。

就像在玩耍过程中不能说扫兴的话一样，读绘本时也不要说让孩子扫兴的话。请记住，要用绘本来触发孩子的情感。

一般来说，孩子想读的书就是最能帮助他成长的书。可以从图书馆尽量多借一些书，让孩子从中选择感兴趣的来读。**尽量营造出孩子希望我们反复读书给他们的环境。**当孩子提出"再读一遍"的请求时，就说明孩子的情感被触及了。这正是成长的机会，**请反复地读给孩子。**

此外，齐藤有博士还观察到，所有让孩子讨厌绘本的母亲，每当孩子无法集中注意力在绘本上，就会要求孩子"坐在这""拿着书的一半"等，迫使他把注意力放在绘本上。与此相反，让孩子喜欢上绘本的母亲会打趣地说："狐狸先生，去哪儿啦——？"对于好动的孩子来说，虽然不能集中注意力在绘本上，但只要不讨厌绘本，一定还会回来继续读的。**即便孩子不能老老实实地坐下来看，只要母亲一个人绘声绘色地读起来就足够了。**

在儿童时期，绘本读得越多的孩子，越会喜欢上绘本。请一定给孩子多读一些。

放着孩子一个人读书不管，也不会让孩子喜欢上读书

日本文部科学省 2016 年报告的《推进儿童读书活动相关的调查研究》显示，喜欢读书的小学生在逻辑思维能力、对他人的理解、生活的充实感、对未来的展望等各个方面都取得了很高的分数。

但是，读了很多绘本并且喜欢绘本的孩子们，是不是也都喜欢上了读书呢？很遗憾，并非如此。其中一个理由就和孩子刚开始读书时父母的应对方式有关。

很多父母发现孩子开始自己读书时，心想"终于完成了给孩子读书的任务"。结果给孩子读书的时间急剧减少。但是，此刻让孩子喜欢上读书才是关键。**孩子刚开始独立阅读时，还读不了的书、画少字多的书，可以尽量多给孩**

子读一些。

孩子刚开始独立读绘本时，实际上是依靠图画来理解内容的。图画很少的书，要在读字的同时进行想象，这对于孩子来说，还是不容易做到的。父母在给孩子读书的时候，同时要使用能够引发孩子想象的语言，逐渐让孩子变得自己也能进行想象。

到孩子一个人也能熟练地读没有图的书前，父母是否坚持鼓励孩子读书，对于培育爱读书的孩子是极其重要的。5岁、6岁……9岁，到孩子10岁以前都多给孩子读些书吧。

3 机能游戏和创造游戏
——画画不是要正确描绘,而是要自由表达

机能游戏:越在外面玩儿,越聪明

所谓的"运动神经"就是与运动相关的大脑的传达系统。没有大脑的命令,肌肉是不会自己动起来的。

比如从椅子上跳下来的时候,首先基于来自视觉皮层的图像,联合皮质区会判断身体到地面的距离和角度(空间认知),前额叶皮质会决定动作,皮质运动区会发出"跳"的命令,大脑基底核会推断出适合的动作,小脑会根据过去的经验进行微调,动作开始从运动皮质、脊髓向肌肉传达。可见虽然仅仅是一个小动作,但需要脑部的诸多部分都参与进来。

另外，在这个传达系统中流动的脑电信号越强越清晰，肌肉就能越恰如其分地配合。所谓"运动神经很好"就是这么一回事。著名棒球选手铃木一郎曾经说："在大联盟中，我按照自己的想法来运动身体的能力不输于任何人。"正是有意识地对脑部进行训练才能有这种自信的发言。

想要让传达系统中流动的脑电信号变得更强，需要让脑部更活跃地运转起来。为此，多活动身体是有好处的。

俄勒冈州立大学的研究者为孩子们带上加速规来测量他们玩游戏时的活跃程度。比如，当实验人员说"指甲"的时候，孩子摸头，说"膝盖"的时候摸肩膀。这种运动不足的人瞬间就出局的游戏，可以测试人控制自己身体的能力。结果发现，**经常在外面玩儿的孩子，脑部神经间的连接更活跃，正确控制自己动作的能力明显更高。**

日本文部科学省发布的《幼儿运动指南》当中提示，"每天在外面游戏的时间，要累计60分钟以上"。世界卫生组织（WHO）等诸多国家都建议3～6岁的儿童每天要投入累计60分钟以上活动身体的时间。

此外，关于孩子的运动及户外活动，还有哪些值得注意的呢？

让孩子在安全范围内冒险

即便发呆的时候也能走路和骑自行车，这就是小脑的功劳。小脑会把身体的动作成套地记忆下来，需要时再自动播放。常说的"用身体记忆"就是用小脑记忆。

在游戏的过程中，可以鼓励孩子挑战一下稍微有点危险的活动，让小脑记住身体的运动方式。这样一旦遇到危险状况时，身体可以下意识地做出防护动作，防止出现大的伤害。不用说，挑战失败的时候受点小伤、弄脏衣服、双手变得一片黑，都是特别正常的，请不要介意，让孩子感受一下把身体活动到极限时的感觉。

雨天没法出去玩儿，只是大人的想法。**雨天也有晴天时玩不到的游戏。**穿着雨鞋蹚过积水，发现只有在雨天才出来的动物，感受一下泥水游戏，这时能体会到和平时完全不同的各种游戏。如果孩子有几个好朋友，一起顶着一件雨衣就能去散步！

雨天的晚上容易睡不好，让孩子尽情玩，这种烦恼也可以消除了。不过，不要忘了在玄关处准备好等孩子回来立刻就能擦干身体的毛巾。

另外，<u>如果认为"我们家孩子上了体育类的补习班，所以用不着去外面玩儿"，那就大错特错了</u>。现实是无论游泳课、足球课还是体操课，各种学习班中活动身体的时间比想象中少得多。最好把体育类的补习班当成学习运动技能的场所。

幼儿期不要让孩子局限于特定的运动

还有一点值得注意的是，幼儿期不要把孩子局限于某种特定的运动。

活跃于世界的一流运动选手们，很多都是幼儿期体验了多种运动。在网球界，杉山爱选手练过体操、滑冰、芭蕾，锦织圭选手练习过游泳、足球和棒球。在高尔夫界，宫里蓝选手参加过棒球和篮球等运动项目，石川辽选手参加过游泳和足球项目。当然，他们都经常在户外玩儿，这点大家都是共通的。

143

一项运动会固定锻炼大脑的某一部分。越是将来立志于某项特定运动的人，幼儿时期越需要参与各种运动和游戏，以提升自己的"运动感"。

创造游戏：画得不好也可能是创造力丰富的表现

画画是孩子从很小的时候就能参与的创造游戏。

5岁前的孩子不会选择把看见的东西如实地画下来，把想象中的事物形象化才是画画的乐趣。 比如孩子长到三四岁的时候，会画一些脸上长出手脚的"头足人"，这就是孩子在想象人的时候，着重地想象到了脸、手、脚的缘故。

在动物园看到兔子又小又圆，结果孩子画兔子的时候就仅仅变成了一个小圆圈，大人肯定会画的长耳朵都不一定有。但是，"兔子应该这么画，首先画两个长耳朵……"，这样的话请一定不要对孩子说。**孩子画画是把想象的事物形象化作为乐趣，教授孩子"兔子的正确画法"是没有任何意义的，还不利于培养孩子的想象力和创造力。**

美国的心理学家罗达·凯洛格博士分析了1万张孩子的画，总结出了孩子画画能力的成长规律以及如何更好地给予孩子支持。

A 乱涂期（1、2岁）。享受乱涂乱画的时期。 享受手部的动作，可以用眼睛可见的方式表现见闻。开始只是横竖线，慢慢地就能画圆圈了。

支持方式：准备绘画材料（黑色铅笔、彩色铅笔、马克笔、蜡笔等），大小质量不同的纸张，以及能让孩子尽情绘画的场所。

B 赋予意思期（2、3岁）。能够画圆之后，开始考虑圆圈里外的东西，产生出内外的概念。 会赋予画意义，比如说"这个是妈妈"，会一边在嘴里哼着"嘀嘀"一边画汽车。这时终于萌生了想要表现想象世界的意识，开始了正式的想象游戏，但孩子还不倾向于画真实的东西。

支持方式：用孩子画中的元素，好比"车从这边来了，嘀嘀"的方式和孩子进行对话。想让孩子尽量多画，大人也要画些给孩子看。

C 产品目录期（3、4岁）。开始画人、树和家等东西。

不考虑构图，把想到的东西就像产品目录一样罗列着画下来，而且只把印象很强的部分画下来，所以画画时才会出现手脚从脸上长出来的"头足人"。

支持方式：让孩子尽情地发挥想象，帮孩子扩大想象。在这个时期，如果能告诉孩子颜料混色的乐趣，能扩展画的表现幅度，就更好了。可以在地板上铺上塑料布，让孩子尽情绘画。

D 记忆绘画期（4、5岁）。能在一张画中表现空间感。 在纸的最下面画一条横线表示地面，在空中会画上太阳和云彩。这个阶段孩子并非根据看见的东西如实绘画，而是根据自己的记忆来绘画。所以眼睛看不见的部分、包里的东西、家里的人都可以画。

支持方式：鼓励"出现不擅长画画这种意识"的孩子。尝试湿拓画（在水中放入颜料，把水面中浮现的复杂图案拓写到纸张上的技法）、吹流（将颜料洒于纸上，用吸管等把颜料吹散开的技法）等绘画形式。不问构图，让孩子用创造力来加工图画会变得很有趣。

可能会有一个阶段，男孩儿喜欢画英雄、汽车，女孩儿喜欢画人和花。不要心急地拔苗助长，深入地提供支

持。这样创造力和想象力都可以得到发展。

就像不会有人称赞孩子很擅长过家家一样，**根本不存在画得好与不好这回事儿。非得要说的话，不如称赞孩子："你画得真开心！"**

模块、积木和手工，会提高算术成绩

有报告显示，通过在脑海中进行回转图形这种空间认知训练，6~8岁孩子的算术能力得到了提高。幼儿时期模块玩得越好，中学的数学成绩就越好。很多研究报告都表明，**通过机能游戏和创造游戏锻炼出来的空间认知能力越高，孩子算术的成绩越好。**

发明积木的人是被称为教育鼻祖的福禄贝尔。这些简单而优美的形状，也属于创造游戏的范畴。**通过模块、积木和手工，来表现立体的印象，比画画更需要复杂的空间认知能力。根据角度从两侧横着看或从下往上看的经验，能够修正孩子的空间认知。**

积木和模块用以下方式玩儿，能进一步锻炼孩子的人脑：

组合着玩：无论是积木还是别的东西，彻底打散以后，渐渐地就能学会堆积、罗列和组装。这样组合起来的形状，孩子会把它看作是别的东西来玩。

假装游戏：要搭配某种别的东西一起玩，孩子肯定会热情高涨！如果能准备几个人偶，那有故事的模仿游戏就能更易于开展。在这个时期，模块、积木和手工材料，都尽量为孩子多准备一些比较好。

滚玻璃球：国外的积木有"Scalino""Kugelbahn""Cuboro"，日本产的积木有"小小的木匠先生"等带轨道的积木，都可以玩滚玻璃球。在终点设置铃铛，可以和模块、筷子、保鲜膜、空箱子等各种物品进行组合，相信大人也一定会喜欢。

顺便一提，<u>虽然完全不喜欢画画的孩子几乎不存在，但不喜欢立体的创造游戏的孩子却有不少</u>。这是由孩子幼儿时期的生长环境决定的。

准备扔掉的空箱子和杂物暂且放在一边

积木和模块的数量越多，越容易放到孩子自己取不出来的地方。这样孩子想要玩儿的时候就提不起兴致了……少放点也没关系,**请把一部分积木和模块放在孩子平时触手可及的地方**。把孩子亲手做的东西当成笔筒或者水盆融入生活当中也不错。

还可以在家里设置一个放有空箱子、塑料泡沫、透明胶带、折纸等东西的杂物角。但是即便有游戏环境,孩子也可能因为缺乏拓展乐趣的能力,而不知道要玩儿什么。所以,父母应该做个示范,让孩子看看乐在其中的样子。

华特·迪士尼幼儿时期,把家里的墙壁当成了画布,日后才发挥出孕育迪士尼乐园的才能。为孩子的才能赋予相应的环境,才能使其开花结果。那么你想为孩子营造怎样的环境呢?

第四章 这样做，提升孩子的学习能力

让孩子集中精力做练习册的方法
练习题的解题法
对文字的学习
读解力
大声念出数字和掌握数字的能力
计算能力
音乐
英语
课外学习

- 做学习练习册遇到瓶颈，是因为玩得不够，感知得不够。事物经过人的观察、触摸，运用五感体验之后变得具体起来。孩子现在正处于运用五感来建立自己学习能力的时候。
- 如果在各种场合都有计算经验，那在任何状况下都会计算了。
- 孩子对文字会从某个时期开始产生极大的兴趣。这时如果父母能认真教导，孩子很快就能掌握一些文字。识字后的孩子受到父母的影响，又会在某个时间开始热衷于独立读书。
- 孩子的思考是从自言自语开始的。
- 通过五感认识数字＝念出数字的能力＋数出个数的能力。

1 让孩子集中精力做练习册的方法
——呵斥孩子"集中精力"的瞬间就降低了孩子的积极性

给 3 岁的孩子一本迷宫练习册,孩子会非常开心地玩起来,经常不到一个小时就能看完一本。这时父母觉得"哎呀,孩子真爱学习",于是又给孩子平假名和数学的练习册,结果却不尽人意……这是为什么呢?

这个时期,是培育孩子放着不管也能自主学习的重要时期。让我们一边对心理学家维果斯基的最近发展区理论进行说明,一边讲解让孩子喜欢上学习的方法。

让孩子飞速成长的"最近发展区理论"

3 个月前,父母给 Yu 买了数学练习册。母亲拼命地向 Yu 讲解："你看，这个苹果是 1，这个是 2，相加变成 3 个苹果了吧？"Yu 一点也不明白。但是也不能就这么放着不管，这天母亲决定再挑战一次。母亲把问题讲了一遍后，Yu 果然还是不明白，母亲帮着 Yu 说"这个苹果是 1，这个是 2……"这时，Yu 好像突然察觉到了，果然自己一个人无法完成，需要依赖母亲才能找到答案。

不管是 3 个月前的 Yu 还是今天的 Yu，都无法一个人解开问题。如果做智力测试，处于同一水平的两人，发展水平却可能完全不同。

维果斯基把孩子需要大人帮助才能完成的水平，和能够自己独立完成的水平之间的区域叫作"最近发展区"。 3 个月前的 Yu 还没有做好独立完成数学练习册的准备。但是如果就这么放弃了，那就察觉不到 Yu 在这期间为完成任务做好了准备。**最近发展区是大人在进行有效地协助后才得以显现的。**

这不仅限于学习方面。孩子们在做游戏时，Yu 和 Keita 在抢同一个玩具。这时 Rei 过来说："不能打架，按顺序来！"然后两个人就真的按顺序来玩儿玩具了。他们仅仅只是按照别人的话来做，并没有真正理解遵守游戏规则的意义。

但是，如果对比他们小 1 岁的孩子说"按顺序来"，可能那个孩子连按别人的话来做都很难。按照这种逻辑，刚才的两个孩子已经做好了学习如何和朋友一起玩游戏的准备。最近发展区的作用，能让孩子更快地成长。

做学习练习册遇到瓶颈，是因为玩得不够、感知得不够

事物经过人的观察、触摸，运用五感之后，变得具体起来，孩子现在正处于运用五感来建立自己学习能力的时候。

具体的反面就是抽象。抽象的意思就是把事物之间共同的部分、最重要的部分抽取出来的一种认知方式。

<u>抽象东西的代表就是"文字和文章"、"数字和记号"。明明不妨碍说话却要学习语文，明明生活中用不上却要学习数学公式。这就是因为掌握抽象符号的能力，就等于在锻炼抽象思考的能力。</u>

抽象思维能力在社会生活中是不可或缺的。比如，在美丽的诗句中比喻句大量存在，在物理学中有很多公式与法则。可见**知识的世界中抽象的内容大量存在**。所以掌握不好抽象思维能力，可能也无法学好知识。世界上的畅销产品，都是直指人们欲求本质的抽象思考的结晶。并且，**把抽象思考以可见的形式呈现出来的，就离不开纸和笔，而这个入口就是学习知识的练习册**。

3岁前的孩子，通过想象游戏来培育抽象思考能力。并且，他们能够把抽象的印象在脑中自由操纵，就是通过画画和玩积木培育出的空间认知能力。

学习练习册能进一步提升这些能力，而且每天只要花10分钟就足够了。对于3岁的孩子来说，一天10分钟的知识练习可以有效地帮助他们迈向最近发展区。

但是，幼儿和小学生的练习册完全不一样。小学生，特别是3年级以上的学生，通过解出不能轻松解开的问题而获得成长。

相反，年幼的儿童，**把生活和游戏中理所当然的问题，在练习册中做一遍则更有效**。把生活和游戏中经历的具体事物，和练习册中遇到的问题相结合以获得成长。这个阶段的孩子，到达了最近发展区。把觉得简单的问题做好就可以了。这种积累，会为进入小学后正式开始学习打好基础。

当父母向孩子反复讲解某个问题，孩子还是难以理解时，可能是因为孩子在这方面的游戏经验不足而导致的。现实中没有经历过的事物，在练习册中去想，也完全无法进入最近发展区。能够在平时随心所欲画画的孩子也许更容易进入最近发展区。

很多家长"让孩子讨厌练习册"的行为

尽管孩子处于可以享受做练习册的时期，如果父母用错了方法也会让孩子讨厌学习。经常出现的情况是，孩子不能集中注意力在书上→学习时间不够→妈妈发火→孩子认为一做练习册就会被骂→只要一看练习册就会情绪低落→变得讨厌学习。

也就是说，仅仅让孩子集中 10 分钟注意力于练习册上，就是让孩子喜欢学习的关键。

但是你知道"超级马里奥兄弟"(以下称超级马里奥)这款游戏吗？它是全世界人们都为之狂热的传奇游戏(当然，在幼儿时期不要让孩子玩游戏)。在这款游戏中，让人雀跃的设计随处可见。我们以此为参考，为了让孩子喜欢上练习册而做出以下两点设计。

让孩子着迷于练习册的设计之一——简单可行

在超级马里奥中，最初只会出现移动缓慢的敌人，并不太容易失败。即便被最初的敌人干掉了，也会觉得下次应该能简单地避开。由此，**人们就会着迷于"我能行"这种兴奋感。**

孩子在做练习册时，感觉简单可行，这种体验是非常重要的。但现实是，很少有家长会选购这种"做得到是理所当然"的练习册。父母都想看到自己孩子了不起的表现。所以，他们往往会选择"能学会这个就好了"的较难的练习册。但这样的话，就无法让孩子着迷于此了。

为了让孩子喜欢上练习册，需要注意以下几点：

（1）从面向 1 岁以下儿童的书开始

为了让孩子喜欢上练习册，从面向 1 岁以下儿童的书开始。为了不让孩子察觉到是面向低龄孩子的书，可以把书的封皮扔掉。当孩子开始感兴趣，并且觉得难度不够以后，可以换成与其年龄相仿的书。虽然有点浪费时间，但开端是极其重要的。不要因为买了，就非让孩子做到最后。

（2）让孩子做的量不要超过孩子想做的量

作为父母，总是想让孩子多学一点儿。不自觉就会对孩子说"再多做一页"，然而这个却是禁语。让我们在孩子感到知识消化不良之前适可而止吧。

让孩子着迷于练习册的设计之二——可以自己选择，自己决定

超级马里奥让大家着迷的第二个设计，就是玩家自己可以决定很多要素。马里奥最初个子很小，除了跑和跳

什么都做不了，但是他取得火花之后就可以投掷火球，取得树叶之后就可以生出像羽毛一样的尾巴，在天上飞来飞去。什么样的道具在什么时候获取，都由玩家自己决定，这正是这款游戏有趣的地方。如果想飞上天的时候，却必须得先取得火花就有点无聊了。

无论是大人还是孩子，对某事着迷时为了集中精力而控制自己对成长是很重要的。研究人类动机的权威学者爱德华·L·德西把这个称为"自我决定论"。

让孩子爱上做练习册，请注意以下几点：

（1）购买练习册时，让孩子来选

一位母亲带着3岁左右的女儿到书店选购练习册。母亲正在纠结两本练习册到底应该买哪个时，女儿指着另1册母亲完全没有考虑的练习册说："我想做这个！""这个下次再买吧。"母亲敷衍了一下后，拿着两册不知如何选择的练习册向收银台走去了。

这个女儿自己选择了练习册。她可能是喜欢封面的图画，也可能仅仅只是刚好看见了这一本。但是无论什么理由，自己决定的瞬间都会令人感到兴奋。这种兴奋感正是孩子着迷于练习册的源泉。可是这位母亲浪费了这个机会。

在购买练习册的时候，可以在书店选几个孩子可能感兴趣的备选，然后问问孩子喜欢哪个，把最终的决定权交给孩子。

（2）哪个问题似乎做得了，让孩子自己选择

孩子在做练习册以前，给孩子选几个轻松便于解答的问题。然后让孩子选几个自己喜欢的问题。可能孩子全都会选成一类的问题，没有关系。孩子会有专注于特定问题的时期。他自己最清楚什么是最能让自己成长的问题，他选的一般也都是最近发展区内的问题。

不要限制孩子自然成长就是对其成长最大的帮助。等孩子把喜欢的问题做够了以后，自然会转移到其他问题上。

如果孩子什么问题都不选，那么很遗憾，游戏的设计就不得不改善。这种时候要再次回到最初的设计——简单

可行的环节。比如找些更易于让孩子产生兴趣的练习以激发孩子的动力。

最后,在和孩子一起做练习题时有句话一定不可以说,**那就是"集中注意力"。只要一说这句话,那游戏就结束了。不说这句话还能让孩子保持注意力集中,那就要考验母亲的智慧了。**

另一点值得一提的是,为了能够顺利地运用本书中的方法,需要母亲不断地练习。**幼儿时期能否快乐地做练习题,上了小学以后孩子的成长方式也会不同。**每天只要10分钟,激发出孩子在练习题上的注意力,然后培育出笑着说"我喜欢学习"的健康的孩子吧!

2 练习题的解题法
——为什么生活中会用的语言和数字,出现在练习题中就不理解了?

父母经常会遇到的一种状况是,孩子在日常生活中碰到某些问题明明能做得很好,但当同样的问题出现在练习册中的时候就变得困难重重,完全不能理解。明明是知道的,却答不对,这是为什么呢?

虽然会做但不一定理解

根据心理学家维果斯基的说法,最初人可以使用语言作为沟通的工具,但这时使用的基本上都是无意识的语言。然后过了很长时间,语言才开始作为思考的工具而被使用。从那个时期开始,人们才能够有意识地使用语言。

举个常见的例子。在语言还没有作为思考的工具时，一个孩子说："我和 Atsushi 和 Tomoya 是三兄弟。""那 Atsushi 有几个兄弟呢？"令人意外的是，这么问经常有孩子答不上来。这是因为平时周围的人总是说"几兄弟"这样的话，所以孩子自己也记住了，但他并不真的了解那是什么意思。

其实，这种情况大人也会有。比如成人很多时候都会说"啊，太幸福了"。这在旁人看来，说这句话的人应该非常明白幸福是什么意思，但是当问道："那对你来说，幸福是什么呢？"这时那个人就变得吞吞吐吐了，有些人会立刻回答"就是现在的状态"。有的父母说"想把孩子培养成幸福的人"，但当被问道"幸福的人是什么样的人"时，嗯……聪明的？有朋友？自由？健康？家庭和睦？……倒是全都不算错。

也就是说，<u>在日常生活的交流过程中，下意识地使用的语言，和有意识地使用相同语言，在理解程度上也会有相当大的偏差。这就是为什么孩子"明明应该知道的问题却答不上来"的原因。</u>

在生活中能做到的事，不一定随时都能做到

孩子"明明应该知道的问题却答不上来"还有另外一个原因。

你知道街头流浪儿吗？贫困得连鞋都穿不上，为了生存竭尽全力，通过在路边向过往的游客贩卖特产来赚钱。这些孩子算零钱的速度非常快。而且，当没有当地货币的客人要求用其他货币支付时，立刻就能完成换算。因为如果拖泥带水，客人就会走了，也就赚不到钱了。

如果给这些孩子出算术题，他们却完全不知道怎么解答。<u>**这就是知识的固有性。零钱的计算和算术题，要做的事都一样，仅仅是周围的状况不同，孩子就不知道解法了。**</u>

这种情况也属于"明明应该知道的问题却答不上来"。并不只是在特定的场合，如果在各种场合都有计算的经验，那在任何状况下都会计算了。

"明明应该知道的问题却答不上来"时的应对法

当孩子答不上来题目时,可以让他帮忙准备晚饭,做做游戏,去公园玩儿等,换换脑子很有必要。

即便如此,父母还是想让孩子做练习题。那么这种情况应该怎么办呢?

(1)"像读绘本一样"给孩子看看解题的样子

首先你要解题给孩子示范,但重点是要"像读绘本一样"。在读绘本时,我们不会说"下面你自己读吧"。因为我们是想读给孩子所以才这么做的。与此相同,不要对孩子说"下面这些题你自己做吧",要把你快乐地解题的样子给孩子看看。如果孩子能感兴趣地听完,那他很快就能模仿父母来解题了。最近发展区的成长就是从模仿开始的。

Rei(3岁女孩)的妈妈用女儿最喜欢的人偶来自创故事给孩子演示如何解题:"人偶在解题时,怎么也做不出来。这时王子出来给了人偶提示,于是人偶总算把答案写出来了,可喜可贺。"这不就和读绘本如出一辙吗?

(2)结合已经知道的事进行思考

日本东北大学的大森茂博士做了一项实验:让 4 岁半的孩子在正面看某个模型,并检测孩子是否看得出模型是什么。当模型是三种形状不同的山时,只有 25% 的孩子回答正确了。但当模型变成两张长椅和一个滑梯时,因为孩子在公园里经常看到这些物品,所以这次答对的孩子占 60%。自己感到熟悉的场景,立刻就变得简单了。

当遇到不懂的问题时,把它变成已知的游戏。这样做肯定能给孩子一些提示。

看不懂数学题目的 Ryuji(5 岁男孩)现在热衷于套圈。于是,父亲用纸箱做了一个巨大的套圈玩具,每天都和孩子一起玩儿。第二天早上,父亲以和 Ryuji 的套圈游戏为背景来制作算术题,和 Ryuji 一起比赛看谁得分高。结果,每天早上 Ryuji 都能开心地和父亲一起解题。不用说,如鱼得水的 Ryuji 在算术题比赛中每次都能力压父亲获胜。

(3) 让孩子来自创问题

想要变得擅长迷宫游戏,那就要自己先制作几个迷宫来玩儿。同理,不管是数学的问题,语文的问题,还是别的什么问题,都可以让孩子自己研创。比起解题,出题更有趣,而且自创过一次问题后,就会对问题的结构了如指掌。可能孩子最初自创的问题会漏洞百出,但这样也没关系。用不了几次就会变得很好了。当孩子出题变得很好的时候,解题也会变得很好。也请父母认真地对待孩子出的问题。

Satomi(4岁女孩)这段时间特别喜欢写数字"4"。父母发现后鼓励 Satomi 自创一套正确答案全是"4"的问题。孩子费尽心思出了很多答案为"4"的问题,全部都自己做了一遍。当然,所有题都答对了。

在做练习题时解不出的问题,让孩子在生活和游戏中积极地吸取经验是至关重要的。

3 对文字的学习
——词语接龙和童谣会越用越好

全世界的语言,有人说有 3000 种,有人说有 5000 种,有人说还有更多。但是在这之中,还存有文字的语言却连 100 种都不到。看来,人说话是与生俱来的能力,但是书写文字却不是。所以读写文字的能力需要后天培养。

小学前父母不教识字会后悔莫及

幼儿时期是否应该教孩子识字现在赞否两论。<u>孩子对于文字会从某个时期开始产生极大的兴趣。这时如果父母能认真教导,很快孩子就能掌握一些文字了。识字后的孩子受到父母的影响,又会在某个时间开始热衷于独立读</u>

<u>书</u>。然后一个人吸收大量的知识,感受童话世界的乐趣。如果孩子在小学入学前就能享受文字的乐趣,无论是对老师说的话,还是书本上的内容,就能理解得更好,变得越来越喜欢学习。

经常有人会问:"学校的课程会不会太简单,让孩子感到无聊呢?"完全不用担心,孩子刚入学还处于"学校的课程不难所以喜欢学习"的时期。因为孩子的前额叶皮质还没有发展到让孩子对高难度的学习入迷的程度。正因为简单,孩子才能从心底享受学习的乐趣。

相反,如果入学前没能自由自在地掌握文字的读写,会对小学的学习感到困难。在还没感到学习的快乐时就先感到"学习非常难",这样孩子难免会讨厌学习了。

父母把教给孩子识字这件事拖延,甚至觉得很麻烦所以没有教,结果入学后最辛苦的就是孩子本人了。<u>因为在现在的小学学校里,老师都是以大部分孩子都能掌握读写文字为前提来推进课程的。</u>

如果孩子对文字感兴趣,那父母更应该认真地教授孩子。这是父母们的责任。

只要能感到快乐，写镜像文字也没关系

值得一提的是，最近经常收到关于怎么纠正孩子写镜像文字（被书写成左右相反的文字）的提问。刚开始学写字的孩子，大多都会写镜像文字。<u>只要孩子在这过程中能体会到写字的快乐，那就完全没有关系。</u>

有研究显示，<u>书写镜像文字的孩子和正常书写的孩子在读书能力上，完全没有差距</u>。深入研究镜像文字的大阪教育大学的出中隆敏教授表示，"书写镜像文字的孩子，能把自己记住过的文字，调转了方向或颠倒了上下，甚至连映在镜子里的都可以用正确的方式进行理解"。确实，在画画时，兔子、汽车或人，无论面向哪里也都是兔子、汽车和人。

对孩子来说，"既然兔子没有人说过必须得朝左"，那文字有左右之分就让人难以理解了。

另外，众多镜像文字的研究者称，镜像文字到了某个年纪之后会突然消失不见。并不是无法写成镜像文字的字越来越多了，而是只要不写镜像文字，任何字都能书写得很正确。有人说这是由于惯用手已经确定的缘故，也有人说是因为视觉信息得到了正确处理的结果。总之，众说纷

纭，还不清楚真正的原因是什么。

不管怎么说，写镜像文字的孩子的读书能力和不写镜像文字的孩子是一样的。由于并不是因为记错了才写成镜像文字，所以家长也无须太过紧张。在大量阅读文字，对文字产生亲切感的同时，可以通过积木和绘画来提高孩子的空间认知能力，逐渐减少写镜像字的现象。

为了阅读文字而必须培育的两种行为

比起书写文字，父母对于孩子阅读文字应该提供更积极的影响。此处所说的"阅读文字"并不是让孩子逐字逐句地读，而是指能够从文字中读取意思的能力。

阅读文字所需要的两种重要的行为是"提高音韵意识"和"认识文字"。

为了理解文字所必须的"音韵意识"

孩子为了理解文字必须拥有"音韵意识"。什么是"音韵意识"？

我经常收到家长的求助,说"孩子记住了平假名却不会读"。平假名是声音和文字能互相对应的表音文字,其实是全世界范围内都少有的比较好记的文字。孩子会从自己的名字、喜欢的角色的头文字等感兴趣的文字开始记忆,并会以惊人的速度记住。

但是,仅仅记住平假名是读不懂文字的。**想要摆脱一字一句地读书,就要提高"音韵意识"。**

所谓"音韵意识",是指有意识地去认知语言是按什么样的声音来分类的。

音韵意识,是幼儿自己阅读单词和文章并能做到理解的必不可少的能力。对于日语中的音韵意识和孩子的平假名读写能力,以中央大学的天野清教授为首的学者们有过诸多详细的研究。

最近,在英语的拼读学习方法中,把单词按音分割来进行理解的"自然拼读教学法",受到了很多热心于英语教育家庭的关注。而比起英语的这种教学法,日本的音韵意识研究在很早以前就开展了。孩子音韵意识的发展程度,据说可以预测此后的阅读能力。提高孩子的音韵意识,独立阅读也更容易实现。

如果没有音韵意识，读了文字也可能不理解其中的意思

对于婴儿来说，大人说的话最初仅仅只是声音的集合。但是孩子出生半年后，渐渐明白了口语中句子间的中断之处。9个月后，孩子开始明白单词间的中断之处。做到这些之后就可以自己学着说话了。但是在这个阶段孩子还没有把注意力放在语言的意思上，所以还不能阅读文章。

由日本国立精神・神经医疗研究中心、圣玛丽安娜医科大学、鸟取大学所组成了研究小组发现，在智力和学习欲望都没有问题，却无法读书的失读症患者的大脑中，有两个负责处理音韵的部位出现了功能低下的情况。这个例子也显示了音韵意识对阅读能力的重要性。

接龙和童谣是提高音韵意识非常有用的工具

音韵意识的提高，需要经历以下5个阶段。让我们在游戏的过程中加入这些步骤来提高音韵意识。

第 1 阶段：感觉音韵

牛津大学的莫拉·麦克莱恩博士对于 3 岁的儿童进行了 15 个月的研究。他发现越是知道很多韵律童谣的孩子，音韵意识越强。也可以说，音韵意识和初期的读解能力有很深的关系。

在日语的童谣中，大部分都是一个字一个音，这有助于提高音韵意识。让我们在孩子还完全没有音韵意识时，在哄睡时多给他们唱一些童谣吧。

第 2 阶段：掌握把单词中的发音分解开的能力（音韵分解）

在这个阶段孩子可以把单词中的音（音拍）分解开。**按照一定的音拍来拍手的游戏就属于这类。**

第 3 阶段：辨别词语接龙游戏中首尾音韵的能力（音韵抽出）

在话语中找到最初的一个音和最后的一个音，能够很大程度上提高音韵意识。所以，词语接龙就是经典的语言游戏，最好的音韵游戏。

不过，玩接龙游戏，还需要一定的词汇量和从自己的记忆中提取词汇的能力。一开始，孩子往往还不能做得很好。在玩的时候尽量多给孩子一些提示。

第 4 阶段：掌握把读音组合成单词的能力（音韵合成）

在此阶段可以通过组合读音来形成语句。如"花"和"朵"组成了"花朵"，也让人在脑海中形成具体的花的印象。在这点还做不到的时候，孩子只能一个字一个字地阅读。

第 5 阶段：改变单词内的音韵以组成新的单词的能力（音韵抽出·音韵合成）

在此阶段可以做到删除单词内的音韵，添加其他的音韵。**这样的游戏，即便是在电车上或者移动过程中没有游戏道具时也可以进行。**

4 读解力
——虽然可以默读，但读出声来更重要

孩子自言自语增多，就表示思考增多了

提高了音韵意识，也记住了平假名，终于孩子开始自己读字理解意思了。

但是想要理解文章的意思还不到时候。这之前孩子还需要一些必要的准备。为了对此进行说明，首先我们要介绍一下心理学家维果斯基提出的幼儿与语言的关系。

孩子喝水的时候，看见桌子对面放着一个有趣的东西，于是把水杯放在桌子上，想要去取那件东西时刚一伸出手……啊，把水杯打翻了。

本来孩子对于打翻水杯这件事没有什么概念，这时他

听见了母亲的声音,"哎呀,衣服都弄湿了""得找块抹布来""一会儿该着凉了,得换件衣服"。

听到这些话以后,孩子就会记住,如果打翻水杯就会"哎呀"一声。这都是从母亲的反应中学到的。这样下次孩子打翻水杯的时候,他可能也会说"哎呀"。但这时他还处于模仿母亲的阶段,并非自己思考的结果。

但是数年后,当母亲不在时,他又打翻了水杯。这回他也开始自言自语地说"哎呀,衣服都弄湿了""得找块抹布来""一会儿该着凉了,得换件衣服"。这就是独立思考的开始。在这个阶段孩子的想法会以语言表达的形式吐露出来。这种自言自语大多从三四岁开始。

又过了数年后,孩子又打翻了水杯。这次他不会说出声了,但会在脑海里想着"哎呀,衣服都弄湿了""得找块抹布来""一会儿该着凉了,得换件衣服"。顺便说一下,还不能独立思考的孩子,打翻水杯后就静止不动了,而不是像大孩子一样找抹布,换衣服。

所以说,<u>孩子的思考是从自言自语开始的。</u>

自言自语增多是读解能力提高的前兆

孩子从 2 岁开始，词汇量会急剧地增加，这时语言成了交流的工具，并且这些语言都是面向他人的。 维果斯基把这些称作"外部语言"。这个时期的孩子对于眼前发生的事及别人和自己说的话，大都在无意识地使用语言，所以语言的逻辑性很弱。

但是**到了 7 岁左右，语言就变成了思考的工具。** 维果斯基称其为"内部语言"。这个时期，孩子能明确地理解自己的想法，也就是开始有意识地来使用语言。当能有意识地控制语言以后，就能够写出内容通顺的文章了。

自言自语就是从"外部语言"过渡到"内部语言"的征兆。自言自语就是思考的语言。 如果孩子每天都被身边的大人或哥哥姐姐灌输大量的促进思考的语言，那么他自己也会加以模仿从而形成自己的语言。

因为孩子无法只在自己脑海中思考，所有会讲出声来。并不只有自己一个人的时候，和朋友一起玩儿的时候也会如此。表面上看起来孩子好像是在和朋友说话，其实是在对自己说话，因为自己的思考而在说话。

随着成长，孩子不用必须说出声也能在脑海里进行思考。即便如此，当孩子面对困难的问题时还是会自言自语。在日本电视台的系列电视节目《初次的零钱》中，孩子遇到危机时往往会自言自语，真是太可爱了。

这种自言自语，就是提高读解能力的关键。

虽然可以默读，也尽量读出声

孩子能读单词后不久，就可以自己读书了。这时很多孩子都选择默读，也就是不说话，用眼睛追着字来读。当然，孩子读得很开心的时候这样也可以。但是从三四岁开始学习语文时，朗读是不可或缺的。文字从文明中衍生出来，经历了几千年的时间。事实上，在很长一段时间里，文字都是通过大声读出来的。可能现在没有多少人会把书大声读出来，毕竟默读的普及是从公元 10 世纪就开始了。日本也是在明治时代以后才开始默读的，在那之前如果不大声地读文章就会遭受别人的质疑。现在大家对默读都习以为常了，但在文字阅读的历史中只是近些年的事。

另外，孩子尤其是幼儿不擅长在脑中进行思考。所以很多研究结果都发现，比起默读，朗读更能提高孩子正确理解内容的能力。对于孩子来说，理解文章是一件有难度的事。比如，"在从幼儿园回家的路上，Rei 摘了一朵又小又红的花"。在读到"幼儿园"和"回家"时，需要在脑海中反应"这是在强调时间和地点"。然后，在读到"Rei"的同时要记住"从幼儿园回家"（短期记忆），此时脑海中要浮现 Rei 从幼儿园回家的情景。接着读到"小"和"红"的同时要思考又小又红的是什么东西。最后在读到"花"的同时，需要回忆起句子的前半部分，再对文章的整体进行理解。

由此可见，读文章并理解其内容，对于不擅长在脑中思考的孩子来说是非常困难的。所以可以想象，当孩子一个字一个字地读"幼""儿""园"的时候，是很难理解文章内容的。

朗读的音量最好和默读时一样大

实际上人在默读的时候，声音也会在脑海中回放。但是，全部都在脑海中默读对孩子来说是件很辛苦的事。所以，读解能力还不高的孩子，可以通过读出声音的方式进行阅读。耳朵接收到声音的回馈后，只把理解了的部分在脑中回放。所以朗读比默读更能提高理解能力。并且，孩子在平时思考时使用的自言自语式的朗读，对于文章内容的理解效果最好。

筑波大学的田中敏教授把幼儿园大班的孩子分成3个组。让A组的孩子戴着耳机听里面的人说话，同时把听到的内容逐句告诉同伴，也就是朗读出来。让B组的孩子听到耳机里面的人说话的同时，闭上眼睛，用只有自己听得见的声音进行重复，也就是自言自语。让C组的孩子闭着眼睛在心中重复，也就是默读。在这3组中，哪组对内容的理解最好呢？

在3组中，对内容的理解能力明显高于其他两组的是B组。如前文所述，幼儿时期孩子会为了思考而自言自语。这是因为这时他们还不擅长在心中使用语言来思考。所以默读的C组，并没有充分理解内容。

由此可见，根据文章的内容，把自己的思考用语言讲出来，理解效果更好。朗读的A组可能是因为把注意力放在了如何正确地传达信息给同伴上,所以也没能认真地去理解文章的内容。孩子在自己家里朗读时,有时过于在意如何去读出内容就有可能疏忽了对内容的理解。

因此,在学习语文时,不要把注意力只放在发出声音读文章上,小声地慢慢地自言自语式地读,最容易加深理解。读过文章后,可以把自己对内容的理解告诉父母,这样也更容易促进自己思考。

这种自言自语式的朗读,不仅在学语文时有用,在读数学应用题时也有很大帮助。原本非常不擅长解应用题的 5 岁女孩 Kirari,习惯用自言自语式的朗读法后,读完题立刻就能开始解题了,对应用题的理解能力也很快就提升了。

5 大声念出数字和掌握数字的能力
——使用手指,能掌握到"3"和"5"是非常重要的

算术是"学习如何学习的学问"

算术是学习如何吸取新知识和方法的学问。知道得越多就想要知道得更多。

所以在孩子小时候,喜欢算术就等同于喜欢学习。喜欢算术的孩子给人聪明的印象,这点也的确如此。通过教给孩子数学的乐趣,更容易培养孩子的自学能力。

学前这个时期孩子一般使用的是数字和符号。不管是两个手指还是两个草莓,都是2,能够察觉到这种抽象的数学间的联系,就算是站在数学世界的大门口了。孩子在生活中会因为发现各种联系而惊讶或感动,能切身体会到

有着各种不同思考角度的事物会在意想不到的地方被理论所连接。

算术最简单的理论就是加法和减法。首先，让我们看看为了让孩子能练好加减法，应该做怎样的准备工作。

锻炼手指灵活度可以提高算术能力

比利时天主教鲁汶大学的玛丽亚·加西亚教授等人将47名小学生分成3组进行试验。A组是手指不灵活的孩子们，他们每周进行两次30分钟的手指训练。B组也是由手指不灵活的孩子们组成的，这个组进行读解能力的训练。C组是由手指灵活的孩子们组成的，照往常一样继续学习学校的课程。在训练前，计算能力和个数的认识能力都是C组最为突出。

但是经过两个月的训练，计算能力和个数的认识能力都是训练了手指灵活度的A组得分最高。通过这个例子我们可以发现，锻炼手指感觉的训练可以帮助孩子提高算术能力。

此外，广岛大学的沱川淳司准教授等人研究了不同年龄段孩子的加法能力和手指灵活度、词汇量、节奏感、运动能力等各种能力间的关系。通过在格子镂空的围棋棋盘状正方板的网眼中插入短棒来测试孩子手指的灵活度。**结果发现，和加法能力最密切相关的就是手指的灵活度。**

在许多其他人的研究结果中也显示手指的灵活度和算术能力有着密切的关系。

关于这其中的理由，有的学说认为进行计算的脑的部位和负责手指运动的脑的部位距离非常近，所以发展的程度相似。还有的学说认为，因为幼儿在进行计算时经常用到手指，所以手指的神经越发达就越容易理解数字。但是众说纷纭，到目前还没有定论。

无论怎么说，"手指越灵活，计算能力越强"是不会错的了。所以手指也被称为"突出的脑""第二脑"。

让孩子从很小的时候就开始抓放一些小的东西，撕掉瓶子上的贴纸、玩黏土、翻花绳等活动手指的游戏，是培养孩子计算能力的好方法。

学算术前,先通过五感认识数字

很久之前,著名的心理学家让·皮亚杰曾认为,孩子真正理解数字要到 7 岁以后。但是在实际接触不满 6 岁的孩子时,并不会觉得他们完全不理解数字。

亚利桑那大学的卡伦·温教授在科学杂志《Nature》上面登载了一项有名的实验。虽然赞否两论,但还是非常有趣的。卡伦·温教授把出生后 5 个月的孩子放在一个不透明的屏风前,然后故意让孩子看见屏风后面放置了一个米老鼠的玩偶。接着让孩子看到放了第二个米老鼠之后,把屏风撤去。结果孩子看到出现了 2 个米老鼠后并没有吃惊。但当撤去屏风后,如果出现了 1 个或者 3 个米老鼠后,孩子就感到吃惊了。看来,即便是婴儿,也并不是完全不理解数字。

婴幼儿在日常生活和游戏过程中,通过五感来认识数字被称为"非正式算术"。需要特别培育的是念出数字和数出个数这两项能力。也就是说:

非正式算术 = 念出数字的能力 + 数出个数的能力。

那么让我们分别看看这两项能力应该如何培养。

念出数字的练习，需要经历 5 个阶段

某位研究者曾说，根据孩子小学入学前自发的注意力，以及其"念出数字的能力"，就可以预测其小学 5 年级考试时的成绩。

孩子很小的时候就能理解 3 以内的数字。我们把孩子举高的时候会念数字"一，二，一，二"，我们在跳远的时候会念"一，二，三"。我们在与孩子共处的很长时间中，都经常和孩子说"我数三个数，一、二、三"。确实在把孩子举高的时候，比起说"一，二，三，四"，说"一，二，一，二"时，孩子的反应更好。就像这样，孩子很小的时候就自然而然地开始了念出数字的练习。所以，尽早和孩子一起念出数字是更好的。

幼儿念出数字需要 5 个阶段。要好好确认孩子处于哪个阶段，然后再充分享受当前阶段的快乐，同时为孩子增加能促进其下一个阶段发展的游戏。让我们接下来进行详细的介绍。

第1阶段：像念咒语一样念"一二三"

在这个阶段，就像唱歌一样，孩子会把记住的话都放在嘴边，并没有数数的意识。

建议：在这个阶段，要让孩子察觉到，"一""二""三"都是互相独立的。比如用"啪啪啪"拍手的方式，或者用手指着3个东西，或者在玩跳远或扔球等游戏时逐一地念出"一二——三"。总之，让孩子有数数的意识。

第2阶段：能按"一二三"数数

了解到"一""二""三"是互相独立的三个数之后，理解加法就可以实现了。

建议：在这个阶段，孩子可以尝试使用各种数数方法。"五四三二一零"的倒数方法，"二四六八十"的跳数法都可以试一下。吃草莓的时候可以说"吃了1个还剩2个"，这样把减法融入生活中也是很有效的。

第3阶段：能够数"三四五"或"三二一"

在这个阶段，不需要再从"一"开始念了。做到这个之后，计算的速度就会变快，还可以轻松掌握减法。

建议：给这个阶段的孩子零食的时候（孩子会认真地数零食的个数），最初先给 2 个，然后说"我再给你 2 个"，这样能让孩子兴奋地去算原本有几个，后来又加了几个，总共是几个。捡起 5 块石头，左手拿 2 块石头，右手藏起来 3 块石头，然后变换组合，让孩子猜猜右手有几块石头的游戏也不错。超过 10 的大数也尽量试试看。

第 4 阶段：数数时，知道自己数多少

在这个阶段，孩子知道数字是一个一个分开的，也知道数数时自己数了多少。比如，从 5 数到 7 时，知道数了 3 个数字。在这个阶段，孩子已经相当擅长计算了。

建议：在这个阶段，可以适当给孩子加入大的数字。同时教给孩子，5 个 1 元硬币和 1 个 5 元硬币是等值的，10 个 10 元硬币和 1 个 100 元硬币也是一样的。买东西时付账和坐车时买票都让孩子自己去试试（后面没有人排队的时候）。

第 5 阶段：可以自由地操纵数字

在这个阶段，孩子对于"加了 3 之后减去 2，再加上 4……"这样连加连减的运算都可以随意做到了。

这 5 个阶段，每一个都是历经数月甚至数年才能慢慢地习得的。请家长不要急于求成。

无论是在厨房、浴室还是户外，引导孩子在生活中多数数

孩子在做加减法时，都要念出数字。比如，给孩子看 7 个玻璃球，然后问他："与这些数字相同的卡片是哪个？"当孩子做出回答前心里就会念一遍"7"，然后才开始寻找相应的卡片。幼儿理解数字时念出声音是如此重要。

所以<u>为了培育孩子的算术能力，要从他对数字的认识还不充分的时候开始，像唱歌一样多念出来。例如和孩子在浴室里一起数数，等等。</u>

在孩子具备了数字概念以后，"把实物和数字相结合

<u>的练习是最必不可少的</u>"。换句话说,当孩子看到 5 个玻璃球时,脑海中立刻浮现出"5"的能力是特别重要的。

接下来我们谈论一下"数个数的能力"。

彻底理解数字 3 和 5

孩子到 2 岁左右,就会自己把东西摆成直线。这就是数数真正开始的证明。那么接下来请好好地享受算术的乐趣吧。

最初让孩子读个位数字,先到 3 为止。人要理解 3 以内的数字还是比较简单的。但是从 4 开始就突然变难了。在针对澳大利亚未开化地区的大规模调查中发现,能理解 4 的原住民基本不存在。与此相同,到 3 为止的数字孩子都能很快地理解,但 4 却是一座很难逾越的大山。

"拿 1 个过来""每次吃 2 个""贴 3 枚贴纸",等等,彻底地让孩子感受 3 以内的数字,以培养数感。首先要让孩子完全理解 1、2、3 这几个数字。

<u>到 3 为止可以理解的话,下一步是 5。孩子入学后的一段时间内,都是以 5 为基准学习数字的。</u>10 进制法大

家都了解，计算也都是以 5 为阶段的。我们以"8+6"来举例说明。大人平时做这道题时，首先算 8+2=10，然后算 6-2=4，最后再算 10+4=14，是以"凑 10"为基准计算的。

但是很多孩子还不能使用这种方法。他们首先把 8 分为 5 和 3，把 6 分成 5 和 1。5+5=10 和 3+1=4。然后两者相加就等于 14。当进行超过 5 的计算时，就以"凑 5"为基准来计算。

在说明时，告诉孩子以 5 为基准的算术方法对于孩子的理解有压倒性的优势。加起来超过 10 的运算孩子做不好，很多时候是因为他们还没有记住凑 5 的算术方式。因此，首先不要急于去凑 10，而多在意凑 5。

日本的幼儿理解能力提升很快

顺便一提，日本的孩子比英语环境下的孩子能更快地理解数字。

日语里的数字按 10 进制来发音，非常易于孩子理解。只要记住从 1 到 10 的数字，那从 11 开始就都是已知的数字的组合。例如"25"就是十位的"二"后面加上"十"，然后再加上个位的"五"。

相反，在英语中记住了从 1 到 10 的数字以后，从 11 到 19 还需要再记忆另一种规则。到了 20 以上才终于轻松起来。孩子从 1 记到 10 和从 11 记到 19，难度递增得相当大。单单记住数字的名称这件事，英语环境下的孩子都要比使用日语或中文的孩子迟一些。

另外，由于念数字的难度不一样，数数、理解 10 进制规则等方面能力的发展，英语环境下的孩子都会略迟一些。所以说，念数字和数个数是学算术最基础的环节。

6 计算能力
——在纸上画画和画图有助于提高计算能力

改变手指的用法,加法能力就会得到提升

那么,孩子要以什么顺序来学习加法呢?我们用"4+3"的例子来进行说明。不过,手指的使用方法并不限于我们下面所要介绍的方法。使用类似的其他方法的孩子也有很多,请仔细观察。

第1阶段:"挨个数"的方法

先竖起右手的4根手指,再竖起左手的3根手指,然后从1开始按顺序数(从左侧或右侧开始都可以)。也有孩子是左右手的手指同时竖起来的。重点是,当所有手指

竖起来以后要从一侧开始数。

第2阶段："接着数"的方法

先竖起右手的 4 根手指，再竖起右手 1 根手指和左手 2 根手指，然后得出结果为 7 的答案。与上一阶段的方法相比，这次不需要竖起所有手指之后再重新数数了。所以计算的速度也会瞬间上升。另外在这个阶段，前文中提到的凑 5 的方法也会使用上了。

第3阶段：另一种"接着数"的方法

1 到 4 都不需要伸出手指，只用手指数"五六七"就得出结果的方法。不需要显示被加的数字，只要从中途数就好，并且数的过程中也可以知道自己数了多少数。

第4阶段：不用手指就能计算

不需要再用手指，仅靠声音念数就可以计算出结果。

这就是孩子理解数字和计算的步骤。当然，对于简单的问题可以使用第 4 阶段的方法运算，对于较难的问题可以使用第 3 阶段的方法，无论哪种情况，孩子大都会按照以上的步骤来培养计算能力。

那么想要变得擅长计算应该怎么办呢？

用手指计算会加快速度

说到这里，为什么人会选用 10 进制法，或者说为什么一定要凑到 10 呢？这是因为人有 10 根手指。可以想象到人在理解各种事物的数量时都会用到手指。人类从远古时代就开始运用手指来数数了。

<u>在计算时因为要记住计算过程，所以需要很强的记忆力。能够运用手指，可以让必须要记住的事物减少。</u>

在之前我们介绍过的浅川淳司准教授等人的实验中，在不使用手指的情况下，记忆力越好的孩子的计算正确率越高。如果使用手指，则由记忆力好坏导致的正确率的差距就会缩小。孩子在<u>尽量使用手指进行计算的过程中，会记住简单的加法的答案，计算的速度也会变快，之后便会不再使用手指</u>。但遇到很难的问题时，还是要用到手指。

遇到较难的问题时，使用手指辅助计算的孩子的正确率更高。解答较难的问题时，手指的使用方法也变难了。这样会进一步提高手指灵活孩子的正确率。

使用手指，就是把眼睛看不到的抽象的数字置换成眼睛可见的事物（手指）。像这样使用手指计算的过程，会帮助孩子积攒"自己脑海中的印象和手指是相同的，自己的印象是正确的"这种经验。可以培养孩子的抽象思考能力。

在学习算术的初期，多使用手指来做计算，对于提高算术能力是非常重要的。

所以，即便孩子算错了，也不要说"试着不用手指算算看"这种话。

当然，不使用手指，而用画圆圈来表示数字的孩子也是有的。计算时所需的工具不仅限于手指，只要是孩子觉得好用的方式就没问题。**这种把看不见的事物转换成看得见的事物的能力，是解答更为复杂的应用题时最重要的能力。**

解题时，可以借助画画或画图的手段

那么最后，让我们看看幼儿期用画画或画图来培育其

思考能力的方法。

算术是一种比较抽象的学问。为了更擅长算术，在游戏和生活中培养通过使用五感来记忆的非正式算术能力是很重要的。

用手指辅助加减法运算可以通过把看不见的问题，用手指置换成眼睛可见的事物。但遇到像应用题这种复杂的问题时，仅用手指比划就会变得很困难了。

对于小学 1 年级到 3 年级的学生，读过应用题后把其画成图或画是很好的方法。问题越难，把理解画成画的能力就越重要。**和孩子一起把应用题变成眼睛可见的图或画吧。使用积木等物品也是值得推荐的。**

如果是加法，**还可以按照题目制作有意思的故事，画很多的画来让孩子拓展想象。**

比起做"2+3=？"的问题，1 个有意思的故事更容易让孩子对题目加深理解。如果是女孩，可以说"幼儿园的 2 个小伙伴在公园里玩儿，然后又来了 3 个小伙伴"，然后把这个情景画成一幅画来描述。如果是男孩，也可以通过画画来讲解，比如，"车库里停着 2 辆车，这时又有 3

辆车停了进来，车库里总共有几辆车"。

听到有情景的故事时，孩子脑海中马上就能浮现出图画，这样的练习对于让孩子喜欢上数学来说是很重要的。

上了小学以后，线段图和面积图等考验孩子画图能力的问题还会出现。此外，"只要画图就能简单地做出来"的这种经验，想必也能被攻克过各种考试的父母们认同吧。"只在脑海里想的时候想不出来，一动笔就立刻找到了答案"，这对于经常面对没有解题思路的成年人来说也是很常用的方法吧。

只在脑海里进行思考是有局限性的。通过把眼睛看不见的东西具体地列出来，需要思考的问题就会轻松地呈现出来，从而让人看到明确的解决办法。

培育出这种"便于思考的能力"，正是学习算术的目的之一。所以，真正聪明的人都非常重视写和画。

通过学习算术，可以锻炼出把复杂的问题简单化的能力，培育出聪明的孩子。

7 音乐
——"莫扎特效应"是假的，但音乐能让人变聪明是真的

听莫扎特的音乐，人会变聪明吗？

你有没有听说过，给婴儿听莫扎特的音乐，他的智商就会变高这种"莫扎特效应"呢？这个说法是假的！

这个谎言扩散到全世界是在 1993 年。当时加利福尼亚大学的弗朗西斯·劳舍尔博士在科学杂志《Nature》中发表了一篇论文。在这篇论文中提到，给大学生听莫扎特的奏鸣曲后，他们的智商平均提高了 8~9 分，并且效果持续了 15 分钟。但是当时这篇文章并没有得到太多的关注。

同时唐·坎贝尔编著的关于莫扎特的书中写道"给婴

儿听莫扎特的音乐会让他变聪明"。结果这种扭曲事实的介绍反而让该作品变成了畅销书！受此影响，美国的某州长给所有新生儿寄去了莫扎特古典音乐的 CD。另一位州长则要求所有幼儿园每天都必须播放莫扎特的古典音乐。这在当时造成了很大的反响。

后来，哈佛大学的克里斯托弗·沙布里博士在 1999 年，同样是在《Nature》杂志中发表了劳舍尔等人的研究结果无法得到再现的报告。这之后，否定"莫扎特效应"的论文也越来越多。<u>现在我们可以确定，"莫扎特效应"是不存在的。</u>

孩子学习钢琴会变聪明是真的

2004 年，伦敦大学的格伦·谢伦伯格教授发表了《用音乐课强化智商》的论文。研究人员把 144 名 6 岁儿童分成 4 组，让他们分别去上钢琴课、发声练习课、表演课，以及不上任何课，然后再对他们进行智商测量。结果发现，<u>上钢琴课的孩子智商增加的幅度比其他几组略高。</u>

但是，谢伦伯格教授也表示，达到这种效果的课程太过严苛，不适合刚开始学习的或不满 6 岁的孩子。确实，学习钢琴或小提琴等乐器，不仅是在学校，在家中的练习也不可或缺。抓不准练习的节奏，孩子可能很快就放弃了，这也是这类学习的特点之一。虽然可能有提升智商的效果，但开始学习时难度过大也是事实。

国外的一流大学都教授音乐

在日本国内的顶级大学中，教授两门外语是比较普遍的。例如以英语和德语，或英语和中文作为大学生的第二外国语。像这样，大学生对于语言是可以进行深度学习的，但是却没有深度学习音乐的课程。东京大学和京都大学里没有设立音乐学部，对于日本人来说也是理所当然的。

2016 年，在选报条件变得极其严苛而受到瞩目的东京大学的保送名单中，全国钢琴大赛冠军村松海渡有幸名列其中。但对于资历一般的日本大学生来说，音乐还是要去音乐专科学校学习的科目。其实，**音乐和语言有许多共同点。**

当我们把目光转向世界，会发现在英国的牛津大学，美国的哈佛大学、斯坦福大学、哥伦比亚大学等世界排名靠前的大学中令人意外地都设有音乐学部。并非只有音乐专业的学生可以深入学习音乐，非音乐专业的学生，也可以在大学进修音乐。也就是说，<u>在世界顶级大学中，更多的学生可以学习音乐</u>。

音乐是头脑最好的营养剂

要说音乐和语言有什么相似之处，其中一点就是<u>两者声音的震动会在耳朵深处的耳蜗处转换成脑电信号被传递到大脑中，然再由大脑赋予其意思</u>。不同点就是，大脑赋予信号意思的方式不同。语言主要在脑内被称为"布洛卡区"的部分被赋予意思。

到现在，我们还没有确定到底是脑的哪个部位为音乐赋予了意思。但是我们已经了解到，人们享受音乐时的脑回路，和受到赞美时、积极性提高时、感到喜悦时的脑回路是一样的。也就是说，<u>音乐就是给大脑的奖励</u>。音乐有让大脑感到喜悦、丰富情感的作用。

音乐和语言的第二个相似点是，人类拥有与生俱来的理解它们的能力。世界上没有文字的民族有很多，但**没有语言和音乐的民族一个都没有。**人能使用语言是人之所以为人的理由之一，是交流中必不可少的工具。

同样，**音乐对人来说也是必不可少的。**或许这与音乐能缓解压力的作用有关。有研究表明，患者在手术前听喜欢的音乐，压力荷尔蒙（皮质醇）会大幅减少。确实，我们也能切身感到音乐有缓解压力的功效。

心理学家阿尔弗雷德·阿德勒称"人类的烦恼全部都是人际关系的烦恼"。在社会中生存，人类确实会承担巨大的压力。换句话说，**和周围的人建立关系，在社会中富足地生活下去，音乐是强有力的助推器。**

音乐和语言的第三个相似点是，两者都能够通过学习被更进一步理解。孩子出生后就会听到母亲说话，进而模仿学习母语。

同样，当音乐进入耳朵后，节奏、和弦等不同的组成部分，会一下子被分解开，由大脑各个专门的部位进行理解之后，再在脑中重新组合成音乐。

实际上，当钢琴师听到钢琴的音色时，那么他在脑中再生的声音和原来演奏时的声音非常接近。但如果不是钢琴师，当他听到钢琴的音色时，脑中再生的声音就会和原来的声音不太一样。原因就是钢琴师平时就听大量的音乐。也就是说，听得音乐越多，越能感受到音色的美妙。

总之，听音乐就能让智商提升的"莫扎特效应"是假的。但是听音乐可以让人①内心情感变得丰富；②和周围的人建立关系，在社会中富足地生活下去；③尽情地享受音乐的音色。所以为了培育聪明的孩子，音乐也是非常重要的要素。

给孩子唱童谣，演奏乐器，带他去听演唱会

那么，如果想让孩子享受到音乐带来的快乐，应该怎么做呢？

就像读绘本是学习语言最有效的方法一样，**在最初学习音乐时，最有效的方法是唱童谣。**

我们在前文中提到过，童谣能够提高孩子的音韵意识，对于锻炼他们的读解能力是有效果的。和孩子一起睡觉时，和孩子一起散步时，请给他们唱各种童谣吧。

此外，还要**教给孩子演奏乐器**。在享受音乐时，不需要什么特别专业的乐器。孩子能享受的音乐，本来也不需要高难度的技巧。更接近于生活的小乐器就可以，**比如，口琴、响板、三角铁等容易在商场里买到的玩具是非常适合的**。还可以在水瓶里装上小豆子做成沙锤，把零食罐当成鼓也很有乐趣。

和孩子一起唱歌，再加上这些自制的乐器，就是一台家庭演唱会。尽情地唱歌跳舞演奏，用全身心来享受音乐的快乐。当孩子对音乐的兴趣萌芽后，请一定带孩子去看看街头演唱。每半年带孩子去听一次适合儿童的演唱会，一起体验一下专业乐器的音色。

3岁时智商超过200的Yuji（4岁男孩），特别喜欢剧团四季的音乐剧。因为每次他都能单手拿着自制的沙锤，配合音乐剧的旋律尽情地跳舞。也就是在欣赏音乐剧的过程中，自然地舞动身体。这正是对大脑的最好的奖励。

8 英语
——疏于学习母语，英语的学习也会很困难

想去英语国家留学的孩子，都会接受英语能力考试（TOEFL）。根据2016年的数据显示，170个国家的TOEFL考试成绩，日本位于第145位。这其中，日本的TOEFL口语成绩和科特迪瓦、几内亚、布基纳法索并列倒数第一！倒数第一位也不是简单就能做到的，这里面也有理由。

在谈论幼儿时期的英语学习之前，我们先来看看为什么日本人的英语这么差。

日本人处于不适合学英语的环境中

日本的实际环境不适合学英语。这其中存在非常多的原因,但最主要的有两点。

第一就是日语和英语在词汇的种类、语法的模式等方面差异太大。对于日本人来说,英语是世界上最难的语言之一。

第二是日本人不说英语也不会影响生活。因为不受影响,所以日本的学校一直疏忽英语教育。

其实,不学英语就无法与很多国家接轨,无法学到更多先进的知识与技术。所以新加坡、印度、巴基斯坦、马来西亚、菲律宾等国的国民努力地学习英语,作为国策,英语教育也得到了重视。

日语是适于专业用语表达的语言。人类使用语言可以进行抽象的、理论化的思考。语言是高等级时,思考也是高等级的。为了提高孩子的抽象思考能力,大前提是,孩子需要提高英语的水平。

为了努力学英语，而生疏日语是最差的结果

在此，让我澄清一项常有的误解。有人说"学习英语有临界期，也就是超过一定年龄后再学英语就学不会了"。我可以负责任地说，从几岁开始学英语，都可以学会，只是不一定说得像母语一样好。

夏威夷大学的迈克尔·隆教授查阅了过去关于学习第二外国语的研究。他得出的结论是，为了获得像母语水平的外语能力，发音和语调要从 6 岁以下开始学习，语法要从 15 岁以下开始学习。也就是说，人成年之后再开始学习日语，不管说得多么流畅，和母语者还是有区别的。

模特福住明美的父亲是日籍巴西人，母亲是意大利人。福住明美在巴西出生，1 岁的时候移居到日本，所以福住明美的日语和日本人没有区别。

电视制片人戴夫·斯佩克特在小学 5 年级左右开始学日语。他和日本本地人的音调还是稍稍有些不同的。但是对戴夫·斯佩克特来说，用日语对话和辩论都没有问题。

当然，我们在前文中提到过，幼儿时期是将语言在脑海中思考的时期。日语作为交流的语言，也是有助于思考

的语言。

思考能力在一定程度上受到词汇量的影响。词汇量越大，思考能力越强。

一味地想要孩子达到母语一样的英语水平，而在幼儿时期过于注重英语教育，结果可能会导致因母语基础太差而削弱了思考能力。

据说在全世界使用英语的有 21 亿人以上。这其中，以英语为母语的只有 3 亿 7 千万人。全世界有如此多的非母语者也在使用英语。语言是一种沟通的工具。**能像母语者一样说英语，并没有太大的价值。能够孕育出能够向全世界传播想法的思考能力，才是被这个时代所需要的。**

为了不因 2020 年小学英语改革而受挫

现在，孩子们的学习环境正发生着巨大的改变。从 2011 年开始，日本小学的英语教育虽然变成了必修课，但还没有教科书，没有成绩，中学考试时也不包括英语。

但是从 2020 年开始，小学的英语教育出现了变化。从小学 3 年级开始，学生必须每周选一节以听、说为中心的英语活动课。从小学 5 年级开始，每周要选两节以提高听、说、读、写等英语基础交流能力的课程。

所以，不能再像现在这样"等将来需要英语的时候再学"了。像"不识字的孩子""不会加减法的孩子"进入小学会变得非常辛苦一样，"不认识英文字母的孩子""完全不懂英语的孩子"也会受很多苦。

当然，今后的英语教育会从重视读写的"用不上的英语"向重视交流的"用得上的英语"转变。如果能打好英语基础，在小学、中学、高中这 12 年间，孩子能够充分享受英语带来的快乐，同时也能提高英语能力，那就太好了。

2014 年，日本文部省的问卷调查显示，小学 5、6 年级的学生中 71% 都喜欢英语。中学 2 年级喜欢英语的学生会下降到 50%。令人担心的是，当小学英语需要考试之后，喜欢英语的孩子就会减少。无论怎么说，还是希望学校可以引导孩子们喜欢上英语。

那么，小学 3 年级前的英语到底该怎么学呢？

小学3年级前英语学习的3个重点

1. 记住英文字母

英语的学习是从记住英文字母开始的。美国布朗大学的玛丽莲·亚当斯博士等人的研究显示，母语孩子记住英文字母后，自然就会读懂英文单词和句子。比起大写字母，小写字母更难记住。多花点时间来教给孩子，争取每周花一天时间让孩子练习英文字母吧。

2. 读英文绘本

青山学院大学的教授，常年负责日本小学英语教育的玉井光江教授曾说，"孩子虽然不理解语言的全部意思，但是可以根据上下文的意思来理解。绘本，特别是孩子已经知道的故事，最适合孩子享受英语的乐趣"。

在书店中，附带英语音频的英语绘本非常畅销。选一本喜欢的，反复来听吧。

3. 掌握基础语音教学法

我们在前文中提到过，学母语时提高音韵意识很重要。

在英语的音韵规则中，让"声音"和"文字"结合的就是基础语音教学法。

玉井光江教授表示，为了提高日本孩子的英文读解能力，先记住英文字母，然后在音韵意识有所提高的阶段再学习基础语音教学法。日语音韵意识强的孩子，对英语的音韵也更容易理解。

课外学习
——比起学什么,学会"以变应变的学习能力"更重要

我经常收到关于"小孩长大以后有用的补习班是什么"这种问题。想要培育出聪明孩子的理由,是大多数父母希望孩子长大以后能立足于社会,贡献于社会。

那么,为了找到能让孩子胜任未来的课外课程,我们先要认识一下孩子长大后的社会是什么样的。

2035 年的世界

二十多年前的 1997 年,NTTDOCOMO(日本通信运营商)公司开始了手机的短信业务。在这以前,有事需要打电话时还需要考虑对方是不是方便接电话。在开通这

项业务之后，大家终于不用在意时间的问题，可以在自己方便的时候就轻松地给对方发短信。

十多年前的 2008 年，苹果初代的 iPhone 在日本发售，迎来了智能手机时代。手机已经不仅仅是用来打电话的通信工具，在那之后变成了支持生活的电子设备。

这么看，展望孩子长大后的 2035 年，就像从 NTTDOCOMO 开始短信业务的时代展望本书出版的 2018 年一样，时代的变化已经超乎了想象。孩子长大后的世界到底会变成什么样呢？

20 年后，很多工作都将被机器替代

你知道"技术奇异点"吗？那是美国的发明家兼未来学者雷蒙德·库兹韦尔博士等人在 2005 年提出的概念。它揭示在不久的未来，人工智能将会超越人的智能，人工智能和人的智能共生的时代将会到来。

未来的世界将会变成什么样，众说纷纭。世界也许会发生剧变。Google 的创始人拉里·佩奇曾说："20 年后，不管你愿不愿意，世界都会改变。"

比如，现在医生会通过询问患者的病情，进行诊断治疗，但是将来会由人工智能来诊断。人工智能可能会比人拥有更多的知识，远快于人的诊断速度，远高于人的诊断正确率。所以，医生的工作将更倾向于心理支持与抚慰。

现阶段，人工智能的无人驾驶技术就宣称比人的驾驶更安全。到了2035年，也许车就不再由人来驾驶了，全部都转变为自动驾驶，这样交通事故的发生率就有可能锐减了。

现在在亚马逊网站上购买东西时，网站会在客户正好有需求时向客户推荐商品，这种善解人意的服务归功于人工智能技术。现在人工智能技术在理解人的需求方面已经做得很出色了，到2035年时会进一步升级，可能会自主地判断客人所需的东西然后给送到家中。店铺的样子也可能与现在完全不同。

那么，为了应对未来社会，孩子们需要在学习班中掌握什么能力呢？

在学习班必须学的是"可调整的学习能力"

在日新月异的现代生活中,不管学习什么知识和能力,都会很快就用不上了。

所以,**通过学习必须学会的是,在必要时掌握必要能力的能力。这就是"可自我调整的学习能力"**。现在在教育心理学领域被广泛研究。

让我们对"可自我调整的学习能力"进一步进行说明。根据伊藤崇达博士的说法,所谓"可自我调整的学习能力",就是学习者在赋予动机、学习方略、后设认知 3 个要素中,自主能动地参与到学习过程中。

赋予动机就是指提高积极性。学习方略是指能够自主地思考"如何才能做得更好""注意力不集中时,怎么才能转换心情"。后设认知是指能够理解"自己现在可以做到什么程度"的能力。拥有"可自我调整的学习能力"的人,这 3 点都能做得很好。

但是学习方略和后设认知在幼儿时期是无法得到充分提升的。特别是后设认知,在幼儿时期只处于萌芽阶段。

反过来说，正是因为孩子在幼儿期还不能充分理解自己的实力，所以任何事情都敢于挑战，尽管结果不尽如人意也不会当作失败耿耿于怀。孩子只要不被大人灌输"做不到""失败"的概念，就会更勇敢，也更愿意相信自己。

所以能够左右"可自我调整的学习能力"的重要因素就只剩下一个，那就是赋予动机（提高积极性）。让我们进一步说明一下从幼儿时期就有大幅成长的积极性。

只做开心的事会非常危险

研究人的积极性的权威是美国罗切斯特大学的爱德华·德西。据德西所说，无论是学习还是运动，积极性提高的原因大致分为 4 种。这里面积极的理由有 2 种：①觉得很开心，②做这件事很重要。反过来，消极的理由也有 2 种：①怕被别人笑话，②被要求这么做。

那么你认为哪种理由有助于提高积极性呢？在学习方面，哪种原因有助于小学以上的孩子提高成绩呢？

关于这点，以加拿大名校麦吉尔大学理查德·凯斯特纳博士等人的研究为首，诸多研究都发现，积极理由中的"②做这件事很重要"这个理由所提高的积极性，最有助于孩子提高成绩。

大家可能会觉得最有助于提高成绩的应该是"①觉得很开心"，但正是因为需要感到开心，在学习过程中持续面对挑战时，容易失去兴趣。但是觉得"②做这件事很重要"的孩子在面对困难时也能勇敢面对，更容易克服困难。

"总之觉得很开心"的这种心情，并不需要前面我们提到过的，从小学3年级开始发展的学习方略和后设认知。极端地说，即便孩子自己的能力毫无提高，也有可能觉得很开心。结果导致之后获得的学习方略和后设认知无法发挥作用，以至于从小学3年级开始，孩子的"可自我调整的学习能力"依然无法提高。

在学习班学习时，孩子可以感受到在幼儿园或家里体会不到的孩子间努力竞争的氛围，那里有能进行正式展示的舞台，有能够挑战各种竞赛的机会，有能和别人一决胜负的比赛。

比起"总之觉得很开心"的心情,学习班里所必需的是为了达成某事,觉得"做这件事很重要"的想法。在享受快乐的同时,慢慢积累在这种场合中的经验,会对孩子的成长有很大帮助。

尽管如此,不觉得开心就不会开始

那么,觉得"做这件事很重要"的想法要如何培养呢?

当然,孩子一开始肯定是因为开心而想做某事,不开心时肯定不想做。多体验"因为开心而想做"的事情,让身体记住"开心"的感觉,并且当"自己做得到"这种自信出现时,自然而然会萌生"做这件事很重要""做不好也想努力"的心情。

相反,如果不能从心底感到"喜欢""自己做得到",也绝对不会孕育出想努力的想法。进入小学前为孩子培养"做这件事很重要"的想法,这之后的成长会完全不同。所以,喜欢上课外班,并擅长课外学习是很重要的。

那么为此,应该怎么做呢?前文中提到过的爱德华·德西曾表示，为了提高一个人的积极性，需要培育自己下决定的"自我决定感"，感到自己做得到的"自我效能感"，以及自己被承认的"受容感"。

下面，为了提高孩子对课外学习的积极性，让我们逐一介绍培育"可自我调整的学习能力"的方法。

自我决定感，让孩子感觉学什么都由"自己决定"

课外班的选择要考虑与孩子的适配度，到家的距离和家长对孩子未来的计划。但是孩子还没有这种能力去考虑这些问题。而且，孩子会经常按心情说"我想学这个"，但第二天就反悔了。

所以，孩子学什么应该由父母决定，但是父母需要花心思让孩子觉得是他自己下的决定。选择了想让孩子上的课外班后，可以旁敲侧击地介入这个话题，"我觉得你肯定能做得特别好"等，说些让孩子充满干劲儿的话。当孩子说"想试试做"的时候就对了。

不过，学什么虽然由父母决定，但是喜不喜欢老师要尊重孩子的意见。为了提升孩子的才能，为了让孩子继续上课外学习班，遇到好的老师是非常重要的。如果孩子喜欢该课程的老师，那他会对学习班更感兴趣。

心理学家肖恩·阿克尔教授在 TED 演讲中表示"在积极的脑作用下，效率会比消极的脑高 30%"。孩子怎么看待老师，要细心地听孩子说说。如果孩子喜欢老师，平时就要多谈论关于老师的事，让孩子更加喜欢老师。

自我效能感，课外学习要选父母擅长并喜欢的

前面我们提到过，孩子的才能在很大程度上受父母遗传的影响。所以，<u>在幼儿时期把父母擅长的事教给孩子，那这种才能得到发展的可能性会非常高。</u>

另外，课外学习对父母来说也是要花费时间和精力的。<u>如果是自己喜欢的事，父母也会更容易愉快地为孩子提供辅导。所以课外学习一定要选父母擅长并喜欢的事。</u>

受容感，课外学习要全家认真对待

在美国明尼苏达大学的埃格兰博士等人的研究中，孩子在幼儿时期和母亲关系的质量，会影响孩子小学1~3年级和母亲的关系，也会影响孩子小学1~3年级的学业成绩。当然，父亲也是同样的。父母从孩子的幼儿时期开始，一直都在寻找提高孩子学习积极性的方法。

美国发展心理学家爱利克·埃里克森博士曾说，"人感觉到来自于父母的期待后，会变得勤勉而努力"。<u>孩子在选择了自己最初觉得有趣的课外班后，看到一家人团结一心，认真地对待自己的成长时，就会变得更努力。</u>

所以，当决定了学习某种课外班后，不要只托付于课外班，父母也要把认真参与的姿态让孩子看到，这样孩子会更有去学习的意愿。例如，如果孩子上体操课时无法在高低杠上回旋，那么就在公园里寻找适合孩子高度的铁杆，和孩子一起练习。如果是游泳，父母也穿上泳装和孩子一起跳进游泳池。当然，太过投入而对孩子发脾气是要禁止的。

最后一点，请**把课外学习当作生活的调味剂**。像此前提到过的一样，**孩子在主动地游戏过程中会学到很多东西，不要剥夺这个时间。如果最重要的认知能力无法得到培养，再怎么锻炼"可自我调节的学习能力"也只是本末倒置**。课外学习，安排在一周一次，或最多一周两次很重要。请一定和孩子享受学习的过程。

参考文献

第一章，1 了解孩子的个性（1）Benjamin, et al., Nature Genetics, 1996（2）Ebstein, et al., Nature Genetics, 1996（3）Klaus-Peter Lesch et al., Science, 1996.

第一章，3 倾注情感的方式（1）Gianluca Esposito, et al., Current Biology, 2013（2）飛鳥井望、小児科、2007（3）Yuji Ikegaya, et al., Proc. Natl. Acad. Sci. USA, 2004（4）Tomoda A, et al., PLOS ONE, 2012（5）Inge Bretherton, et al, IMHL, 1989（6）Cort A. Pedersen, et al., Proc. Natl. Acad. Sci. USA, 1979（7）Ilanit Gordon, et al., Biol Psychiatry, 2014.

第一章，4 奖励（1）Mark R. Lepper et al., Journal ol Personality and Social Psychology, 1978（2）Kenji

Matsumoto, et al., Proc. Natl. Acad. Sci. USA, 2010（3）Sam Glucksberg, Journal of Experimental Psychology, 1962.

第一章，5 父亲的重要职责（1）Nicholas D. Walsh, et al., NeuroImage, 2014（2）菅原ますみ、et al.、発達心理学研究、1999（3）Natasha J. Cabrera, et al., Journal Applied Developmental Science, 2007（4）Daniel Paquette, Human Development, 2004 1－6言葉の語り掛け（1）MJV Fennell 著、曽田和子訳、『自信をもてないあなたへ』（2）John A. Bargh, et al., Journal of Personality and Social Psychology, 1996（3）Wellman, H. M., Liu, E., Child Decelopment, 2004（4）東山薫、教育心理学研究、2007.

第一章，8 父母的情绪控制术（1）Tomoda, et al., Neuroimage, 2011（2）杉山登志郎、精神神経学雑誌、2013（3）古賀麻奈美 et al., 第45回日本理学療法学術大会抄録集.

第二章，1 睡眠（1）Lulu Xie et al., Science, 2013（2）Luisa de Vivo et al., Science, 2017（3）Roffwarg, H. P., et al., Science, 1966（4）Masako Tamaki, et al., Sleep and Biological Rhythms, 2007（5）Ullrich Wagner, et al., Nature, 2004（6）https://sleepfoundation.org/how-sleep-works/how-much-sleep-do-we-reallyneed（7）福田一彦、日本家政学会誌、2011（8）Jamie M Zeitzer, et al., J Physiol., 2000（9）Anne-Marie Chang, et al., Proc. Natl. Acad. Sci. USA, 2015.

第二章，2 饮食（1）Michael K Georgieff, The American

Journal of Clinical Nutrition, 2007（2）http://www.mhlw.go.jp/bunya/kenkou/kenkou_eiyou_chousa.html.

第二章，3 电子类设备的使用方式（1）http://www8.cao.go.jp/youth/youth-harm/chousa/h28/net-jittai_child/pdf-index.html（2）Walter Mischel, et al., Journal oj Personality and Social Psychology, 1972（3）M. J. Koepp, et al., Nature, 1998（4）Daphne Bavelier, et al., Nat Rev Neurosci., 2011（5）Guangheng Dong, et al., Nature, 2015（6）Mei Tian, et al., Eur J Nucl Med Mol Imaging, 2014.

第三章，2 想象游戏和接收游戏（1）Anne-Marie Morrissey, Gifted Child Quarterly, 2009（2）ヴィゴツキー著、広瀬信雄訳、『子どもの想像力と創造』（3）Wendy Haight and Peggy J. Miller, Merrill-Palmer Quarterly, 1992（4）齋藤有、内田伸子、発達心理学研究，2013（5）http://www.kodomodokusyo.go.jp/happyou/ datas.html.

第三章，3 机能游戏和创造游戏（1）Derek R. Becker, et al., Early Education and Development, 2013（2）http://www.mext.go.jp/a_menu/sports/undousisin/1319192.htm（3）ローダ・ケロッグ、深田尚彦訳、『児童画の発達過程』黎明書房、1998 年（4）Yi-Ling Cheng and Kelly S. Mix, JOURNAL OF COGNITION AND DEVELOPMENT, 2014（5）Charles Wolfgang, et al., Early Child Development and Care, 2003.

第四章，1 让孩子集中精力做练习册的方法（1）ヴィゴツキー著、土井捷三・神谷栄司訳、『「発達の最近接領域」の理論』、2003（2）Richard M. Ryan and Edward L. Deci, American Psychologist, 2000.

第四章，2 练习题的解题法（1）ヴィゴツキー著、柴田義松訳、『思考と言語』、2001（2）大森茂、Japanese association of educational psychology, 1985.

第四章，3 对文字的学习（1）前田健一、愛媛大学教育学部紀要、1992（2）田中敏隆、科学朝日、1985（3）天野清、Jap. J. educ. Psychol., 1970（4）Kita Y., et al., Brain, 2013（5）MacLean et al., Merrill-Palmer Quarterly, 1987 MacLean et al., Merrill-Palmer Quarterly, 1987.

第四章，4 读解力（1）ヴィゴツキー著、柴田義松訳、『思考と言語』、2001（2）田中敏、Jap. J. of Educ. Psychol., 1983.

第四章，5 大声念出数字和掌握数字的能力（1）Maria Gracia-Bafalluy, Marie-PascaleNoël, Cortex, 2008（2）浅川淳司、杉村伸一、発達心理学研究、2011（3）Karen Wynn, Nature, 1992（4）Minna M. Hannula-Sormunen and ErnoLehtinen, Mathematical Thinking and Learning, 2015（5）Karen C. Fuson, et al.,『Children's Logical and Mathematical Cognition』（6）丸山良平、発達心理学研究、1993（7）吉田甫、「子どもは数をどのように理解しているのか」（8）Fuson, Karen C.,『Research on learning and teaching addition and subtraction of whole numbers.』.

第四章，6 计算能力（1）Karen C. Fusion, et al.,『Children's Logical and Mathematical Cognition』（2）河崎雅人、日本教育工学会論文誌、2013.

第四章，7 音乐（1）Frances H. Rauscher,, Nature, 1993（2）Christopher F. Chabris, Nature, 1999（3）E. Glenn Schellenberg, Psychological Science, 2004（4）Anne J. Blood, Proc Natl Acad Sci USA, 2001（5）MilukKolasa B, Exp Clin Endocrinol., 1994（6）Dana L. Strait, Cortex, 2012.

第四章，8 英语（1）Michael H. Long, Studies in Second Language Acquisition, 1990（2）http://www.goi-dokkai.jp/research/research2017.html（3）http://www.mext.go.jp/a_menu/kokusai/gaikokugo/1362148.htm（4）アレン玉井光江著、『小学校英語の教育法』.

第四章，9 课外学习（1）http://www.mext.go.jp/b_menu/toukei/chousa03/gakushuuhi/1268091.htm（2）Ray B019NDK9RS Kurzweil (2005-1-1). The Singularity Is Near: When Humans Transcend Biology. Viking. ASIN（3）伊藤崇達、Bulletin of the school of Education, Nagoya University, 1997（4）Shirley Larkin, Qualitative Research in Psychology, 2007（5）Bjorklund, D. F. & Pellegrini, A. D., 無藤隆監訳、進化発達心理学、2008（6）Deci, E. L., & Ryan, R. M, Handbook of self-determination research. Rochester, NY: University of Rochester Press.（7）Koestner, R.,

&Losier, G. F. Distinguishing three ways of being highly Handbook of self-determination research. Rochester, NY: University of Rochester Press. motivated: A closer look at introjection, identification, and intrinsic motivation. In E. L. Deci & M. Ryan,（8）西村多久麿ら、教育心理学研究、2011（9）https://www.ted.com/talks/shawn_achor_the_happy_secret_to_better_ work?language=ja（10）Englund, Michelle M., et al., Journal of Educational Psychology, 2004（11）Erik H. Erikson and Joan M. Erikson, The Life Cycle Completed, W. W. Norton & Company, 1997.